居港生活系列

U0099871

居港升學

一本通

伍國賢大律師、
周永勝會計師事務所有限公司
編著

萬里機構

推薦序

伍國賢大律師及周永勝會計師在今年 3 月中完成一本書籍《香港人在大灣區：遺產繼承一本通》，很受大眾歡迎。

多年來伍國賢大律師和周永勝會計師替不少內地客戶以投資移民及優才方式移居香港，當中超過一半以上的客戶是為了子女能在香港接受更多元化及優質教育（包括更大機會能進入香港七間世界 top200 大學）；故此，伍國賢大律師及周永勝會計師編寫了這個居港生活系列：《居港升學一本通》，從教育方面說好香港故事。

書中內容很全面及新穎，一方面把香港整個教育體系由幼稚園、小學、中學、大專及大學都作出一個概括的描述，以及有各種入學攻略；並且書中亦列出香港各大學的學科入學要求，以及對畢業後各項留港政策都作了詳細的說明。

我向廣大讀者推薦這本新書：《居港升學一本通》，希望本書能對香港的教育事業起到積極的作用。

鄭家成

周大福慈善基金主席
新世界發展有限公司董事
2024 年 6 月 20 日

自序一

《粵港澳大灣區發展規劃綱要》由 2019 年 2 月出台至今，短短 5 年時間，經濟發展斐然，2023 年的數據顯示，大灣區的國民生產總值（GDP）為 14 萬億人民幣，達到全國總額的 1/9。

作為大灣區內的一個城市，亦為加強大灣區內方方面面的融合，香港特區政府推行「高才通」計劃，由 2022 年 12 月 28 日開始接受申請，歡迎內地高端人才移居香港，而移居者必然關心其子女在港的升學問題。筆者編寫本書目的，主要是向從內地移居香港的父母提供香港的中小學資料予以參考。如移居者打算進修碩士及博士學位課程，本書亦略有介紹。

中國地大物博，城市發展多樣化，每一個城市分別具有各項發展潛力的優勢。香港是擁有多達 5 間「世界百強大學」及全球最多「最國際化大學」的城市，而基礎的幼兒學校及傳統的中小學校以至國際學校的發展，更是十分多樣化——有教授傳統學科的香港 DSE 中學課程，亦有國際的 IB 中學課程，後者的畢業生更可以直接報讀外國的大學。

基於香港的教育發展多樣化及優質化，筆者冀望香港可以發展成為一個全國優質教育之都。

在此，筆者感謝葉慶輝律師（Albert）及馬翠琪律師（Venus）為本書編寫部分章節；另筆者亦感謝鄭家成先生為本書撰寫推薦序。

伍國賢

自序二

我們事務所及伍國賢大律師在本年 3 月下旬完成了第一本著作：《香港人在大灣區：遺產繼承一本通》，當時正值香港復活節假期北上高潮，大家都在問：香港還有甚麼優勢？

故此，筆者想起，多年來我們事務所協助了多位內地居民以投資移民或優才身份移居香港，其中絕大部分表示都是為了孩子的教育。

此外，近年我們亦聘用多位在香港修讀大學的內地學生作暑期工（intern），他們的高中成績都十分優異，而且任職期間做事主動、勤奮，教筆者留下深刻印象。

家長及學生們千里迢迢移居香港，正是看中了香港多元化的教育，香港是亞洲甚至國際教育的樞紐城市；香港在教育方面亦有很多威水史：香港是世界唯一城市有 5 間 top100 大學及擁有 20 間 top 100 的 IB 預科課程學校；故此，我們與伍國賢大律師再次合作，編著了這本《居港升學一本通》，希望藉教育方面說好香港故事。

過往已有很多作者編著了有關香港各種教育的圖書，而本書內容相對比較新穎：我們會論述香港整個教育制度（幼稚園、小學、中學、大專及大學）特點；並且附以特別篇章，由三位師級專業人士討論學生成為專業人士的素質要求，希

望藉此給予讀者一個更全面的香港教育樞紐藍圖。

在此，筆者要感謝葉慶輝律師（Albert）、馬翠琪律師（Venus）及我們事務所的胡嘉業會計師（Jason）、審計部楊承峰（Sean）及公司秘書部劉宇（Loura）參與編寫本書部分章節。

筆者亦感謝鄭家成先生為本書撰寫推薦序。

周永勝

周永勝會計師事務所有限公司執行董事

2024 年 6 月 18 日

目錄

目錄

前言

香港是亞洲唯一擁有 5 間全球百強大學和全球最多國際化大學的城市[1]。香港同時亦提供多種辦學模式的中小學教育：包括官立、資助、私立、直資及國際學校等，提供多元化課程予不同家長選擇。

有見及此，筆者編著本書的主要目的有二，首先是為準備移居香港的內地家長們，提供香港的教育資訊（涵蓋範圍由幼兒院、幼稚園、小學、中學）及有關入學攻略；次為打算到香港修讀大學（本科及碩士程度）的內地學生們，提供各大學學科及畢業後成為專業人才的攻略。

香港除了有多家世界排名前端的大學，作為一個工種多元化的城市，香港尚需要各行各業的技術人才，就此，香港政府及職業訓練局 VTC（Vocational Training Council）於今年推出試行期兩年的「職專畢業生留港計劃」（Vocational Professionals Admission Scheme, VPAS）的課程，讓內地的年青人在完成兩年職專課程（即內地的大專程度）並在香港工

註 1：香港特別行政區行政長官李家超於 2024 年 5 月 7 日舉行一連兩天的「香港‧全球人才高峰會」時強調，特區政府投放大量資源以吸引、發展和留住人才，而香港是亞洲唯一擁有 5 間全球百強大學的城市。香港 5 間全球百強大學為：香港大學、香港中文大學、香港科技大學、香港理工大學及香港城市大學。另外，根據香港《中通社》1 月 24 日電，泰晤士高等教育（THE）發佈 2024 年世界大學排名，香港連續 6 年擁有全球最多「最國際化的大學」，其中城市大學為全球之冠；其餘 3 所全球十間最國際化的大學為香港大學、香港科技大學和香港理工大學。

作滿五年後，可申請成為香港永久性居民。

為維持香港優質人才的可持續發展，香港自 2022 年年末更推出一系列人才入境計劃，至今已吸引超過 12 萬名全球人才來港；有關在香港修讀大學或以上課程的「非本地畢業生留港政策」（IANG）及高端人才政策亦會在本書中詳細說明。

筆者期望本書內容可作為一把鑰匙，讓讀者打開香港優質教育之門。另外，大灣區經濟發達，佔地未到 0.6% 的國土面積卻能創造全國 1/9 的經濟總量（GDP）[2]。筆者亦冀望憑藉擁有全國最多百強大學及最多國際化大學的優勢，讓香港未來有能力發展成為全國的高等教學中心，為國家的教育培訓作出貢獻。

註 2：《香港 01》2024年 4 月 2 日報道，2023 年粵港澳大灣區經濟總量突破 14 萬億元人民幣，以不到全國 0.6% 的國土面積，創造了全國九分一的經濟總量，綜合實力再上台階。

第一章

香港教育

制度的簡介

香港教育制度簡介

香港的教育體系比較完整，由幼稚園、小學、中學至大學都分別有政府資助及全私立性質的學校。

以下我們會先簡介不同教育階段的制度，而詳細每一學校階段的攻略將會在稍後章節陳述。

幼稚園教育

▶ 背景

幼稚園為三至六歲兒童提供教育。大部分的幼稚園只開辦半日制課程，小部分兼辦全日制，一般分高班、低班及幼兒班。國際學校開辦的幼稚園，由於與其接軌的國際學校小學部較香港一般小學早一年入學，一般沒有高班。另外，有部分幼稚園同時開辦 Playgroup（遊戲小組），讓學前兒童（2歲）盡早適應學習環境。

香港所有的幼稚園皆為**非公營幼稚園**，不少由非牟利機構或慈善團體營辦，當中不少為宗教團體。惟近年政府

資助參與《幼稚園教育計劃》的幼稚園的營運，以提升辦學水平，故受資助的幼稚園的學費非常低廉。如家長仍有財政困難，可透過「幼稚園及幼兒中心學費減免計劃」申請學費資助。至於國際學校營辦的幼稚園，學費比較高且部分需要購買債券[1]。另外，不少家長為提高子女入讀心儀小學的機會，會選擇報讀兩間幼稚園，即上下午各一間；惟家長要注意子女的體力能否應付，畢竟孩子們處於發展階段，未必每一位都能應付全日學校的體能要求。

基於不少家長要兼顧工作，與幼稚園教育相關的托兒服務同樣為家長所關注。惟托兒服務一直未得到政府大力支持，一位難求。不少家長寧願聘請外籍家傭，一來在香港聘請外籍家傭的費用不高，且能長時間提供協助。

▶ 課程

參加《幼稚園教育計劃》的幼稚園，必須根據課程發展議會頒佈的《幼稚園教育課程指引》，提供全面的本地

註1：債券是一項一筆過收費，離校時會退回。學校會以債券融資收取利息，從而得到額外的收入支持營運。債券多數分為兩種，包括個人債券及公司債券，部分學校要求家長在申請前購買債券；亦有學校是待申請人通過入學試後才購買，以獲得優先取錄權。

（香港）課程。由於有教學框架，個別幼稚園授課的重點可能不同但內容基本上大同小異。至於沒有參加《幼稚園教育計劃》的幼稚園、營辦國際課程的幼稚園或國際學校的幼稚園則提供不同類型的課程如 IBPYP、International Primary Curriculum（IPC）等，家長可自由選擇。

▶ 報讀

由於所有幼稚園皆為非公營，家長須自行與屬意的幼稚園聯絡並自行報名。為了吸納有質素的學生，部分幼稚園會提早進行收生，家長宜留意心儀幼稚園的截止報名日期。

▶ 學費

參加《幼稚園教育計劃》的幼稚園，半日班的絕大部分是免費，而全日班的學費每月由數千至 1 萬多港元不等。至於私立和國際學校幼稚園的學費，每月由數千至兩萬多元不等，但要留意是否需要買債券或繳交建設費[2]。

註 2：國際學校及私立學校並沒有政府的資助，修葺及擴建校園的費用皆由學校負責，所以部分學校亦會額外向每位學生徵收基本建設費（Capital Levy），作維修和添置新設備之用。

小學

▶ 背景

香港的小學以**官立學校**和**資助（津貼）學校**為主。前者為政府直接營辦，校長和老師皆由政府直接支薪；資助學校則以非牟利團體和慈善團體作為辦學團體，並組成法團校董會為核心，在政府的資助下營辦；留意資助學校佔比最多（逾八成）。部分資助學校選擇收取較少的政府資助以減少營辦限制，稱之為**直資學校**。

私營學校則以**國際學校**為主，不受政府資助；其餘為根植本地（香港）並**營辦國際課程的學校**。留意大部分國際學校除收取學費外，也收取債券、建設費等費用。家長入讀前宜先充分評估財務安排。

▶ 課程

基於《小學教育課程指引》的框架，官立和資助的學校的課程都大同小異，惟仍有一定差別；例如部分學校選擇以普通話教授中文科，部分則以粵語教授。另外，近年政府放寬撥款，學校可按學生需要和定位提供不同的額外學習經驗，有小學甚至利用撥款額外提供日語、西班牙語或法語課程。

▶ 宿舍

香港的小學只有極少數提供宿位。家長如未能在港照顧孩子，宜尋求親友或外籍家傭協助照顧。另外，坊間也有公司提供監護人服務，為學童提供住宿和照顧服務。

▶ 報讀

年齡在五歲八個月或以上（以 9 月 1 日入學時為準）而仍未就讀小學但有意入讀公營小學的兒童，均可透過參加「**小一入學統籌辦法**」，申請入讀官立或資助小學一年級。全部參加這項統籌辦法的兒童，均會獲派官立或資助小學的小一學位。如果有屬意的學校，可先行參加第一階段的「自行分配學位」。這階段的申請只可選一間學校，如屬「必獲取錄類別」或根據計分機制得高分者，將會在這階段先行獲得取錄。第二階段為「統一派位」階段，須按所住校網內的選擇透過「小一入學電子平台」申請。結果會在每年 6 月上旬公佈。

至於入讀私立（直資）或國際學校，則按相關學校的入學申請程序預留足夠的時間申請；家長宜留意個別學校的安排。

▶ 學費

基於 12 年免費教育的緣故，官立和資助小學不收取學費，但可能有一些自費項目如課外活動和遊學團等。至於直資小學，每年學費由 1 萬多至 7 萬多元不等。

至於國際學校，除了每年 10 至 20 多萬元的學費外，一般也有額外收費，實際上每年其他花費（如：遊學團 / 課外活動 / 校車 / 午膳等）可達 70 多萬元。

中學

▶ 背景

中學教育的營辦架構基本上與小學相同，以**官立學校**和**資助（津貼）學校**為主。至於直資中學的營辦，因政府資助較少，有較大彈性。就此，直資中學可以收取學費且可以同時開辦本地 DSE 課程和國際課程如 IGCSE、International A-Level（IAL）和 IB 課程 [3]。

註 3：
IB 課程的全名是 International Baccalaureate（國際文憑課程），於 1968 年由瑞士日內瓦國際學校創立，至今已有 50 多年歷史。全球有近 150 個國家開辦 IB 課程。截至 2023 年，香港有 70 間國際學校、私立學校及直資學校提供 IB 中 / 小學課程及 IB Diploma Programme（DP）大學預科課程，其中香港的 IB 大學預科產生多位滿分的狀元（2023 年共 23 位，2022 年共 94 位）。
IB 大學預科課程是很多國際學校、私立學校及直資名校提供應考香港 DSE 課程以外的另一選擇，當然學費亦都昂貴。
IB 課程通過跨學科的教學模式，可選修語言和文學（第一及第二語言）、數學、科學和人文學科；其中人文科學除了一般 DSE 課程有提供的地理及歷史外，還包括部分在大學才會修讀的學科，例如：哲學、心理學、社會人類學等範疇，讓學生可以接觸不同類型的知識。
IB 大學預科課程除選修以上學科外，還需要編寫拓展論文 The Extended Essay（EE），學生須探討一項感興趣的議題，並撰寫一篇約 4,000 字的自訂題目論文。在撰寫論文過程中，學生需要自行擬定研究題目和論文內容。相比起英國高考（A-Levels），IB 更能反映頂尖學生的能力，學歷亦受到世界各地大學的肯定。
IB 課程的總分為 45 分，等同英國高考成績「A*A*A*A*+」。2023 年香港共有 93 名 IB 滿分狀元，佔全球的比例 14.5%；另外 IB 的合格分數為 24 分，等同高考成績「BBC」。
有意留港升學的學生可以經非聯招（Non-JUPAS）報讀香港本地大學資助課程。另外，由於課程受到世界頂尖大學的認可，學生可以直接升讀外國大學。

▶ 課程

官立學校和資助學校依據《中學教育課程指引》，以中學文憑考試（DSE）為重點。**憑 DSE 考試的成績，除了可以報讀香港的大學，也可以較低的入學門檻入讀內地大學。**資助學校下有部分中學以直資模式營辦，也是以 DSE 課程為主，但部分直資中學有營辦跟私立學校和國際學校一樣的外地課程，主要以 IB 和 IGCSE/IAL 為主。

▶ 宿舍

跟小學一樣只有極少數中學有提供宿位。家長如未能在港照顧，宜尋求親友或外籍家傭協助照顧。

▶ 報讀

入讀官立中學或資助中學（直資中學除外），可透過參加「**中學學位分配辦法**」，在自行分配學位階段或者統一派位階段入讀。自行分配學位階段的申請在每年的 1 月上旬，家長在不受地域限制下可以選擇最多 2 所中學。如成功獲自行分配學位，則不會在統一派位階段另行獲分配學位。在統一派位階段，家長可以在申請表的甲部和乙部分別在全香港選擇和所屬學校網選擇學校。統一派位的結果會在每年 7 月上旬公佈。

至於直資、私立或國際學校，家長需自行報讀；家長宜自行留意報讀截止日期。跟小學一樣，大部分的國際學校中學都收取債券、建設費等費用。家長入讀前宜先充分評估財務安排。

▶ 學費

同樣基於 12 年免費教育的緣故，官立和資助中學不收取學費，但可能有一些自費項目如課外活動和遊學團等。

至於直資中學，每年學費由數千元至 7 萬多元不等。至於國際學校，除了每年 10 多萬至 30 多萬的學費，一般也有額外收費，實際上每年其他花費（如遊學團 / 課外活動 / 午膳 / 補習）可以高達接近 100 萬元。

大學

▶ 背景

香港有 12 所大學和其他開辦**學位**課程的院校。大學和大專院校也有辦大專的課程，以**高級文憑**和**副學士**為主；當中畢業成績優異者一般可以銜接大學 2 或 3 年級課程，繼續升學。

▶ 課程

(i) 學位課程

香港的大學課程仿效美式制度，一般以 4 年為主。個別課程如醫學、牙科或雙學位課程要修讀較長時間。近年香港的大學積極與外地的大學聯繫，不少課程備有交流生計劃，可供同學在第 2 或第 3 學年到外地大學交流。

(ii) 學士後和碩士課程

碩士課程分為授課式和研究式課程兩種。前者學費由 10 多萬元至 40 萬元不等。

授課式碩士課程絕大部分沒有政府資助，而研究式課程的學費由 4 萬多至 8 萬元不等，修讀年期一般為兩年，但有一定彈性，如每個學期修讀較多學分，大多數可以一年完成。研究式課程的碩士學生不少同時申請為學士課程的導師，薪酬足以繳付學費和應付一般的生活費。不少人在修讀第一年後會申請轉為博士生。至於學士後的課程，一般也跟碩士課程生的學習內容一樣，惟修讀學分一般較少。

(iii) 博士課程

博士課程沒有固定的修讀年期，只要在 8 年內完成便可。申請人可選擇申請研究式碩士課程，在第一年後申

請轉為博士生，也可以在申請時直接申請為博士生。博士課程每年的學費一般跟研究式碩士生一樣。另外，跟研究式碩士生一樣，不少博士生同時申請為學士課程的導師，薪酬足以繳付學費和應付一般的生活費。

▶ 宿舍

大部分大學都有提供宿舍，內地來的學生如在香港沒有居所，一般都有優先入住宿舍資格。如未能分配宿位，大部分學生會與其他同學合資，在大學附近租房居住。

▶ 報讀

香港 12 所大學中，有 8 所參與「**大學聯招辦法**」，其餘則為自行收生。「大學聯招辦法」下的課程絕大部分受政府資助，每年學費為 $42,100，惟內地學生而沒有香港居留權的話，要收取較高的學費。在「大學聯招辦法」下另有「指定專業 / 界別課程資助計劃」，學費會略高，但具有香港居留權的學生能得到政府的資助。此外，參加「大學聯招辦法」的大學也有透過「非聯招計劃」自行收取 DSE 畢業以外如持 IB、IAL 成績的申請者。至於大專課程，即高級文憑和副學士課程，可以透過「專上課程電子預先報名平台」報讀，也可自行聯絡院校報讀。

❶ 在港的主要升學途徑

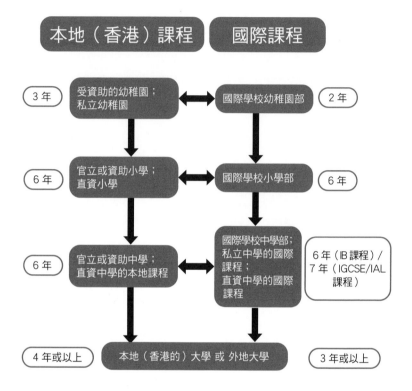

| 本地（香港）課程 | 國際課程 |

3 年	受資助的幼稚園；私立幼稚園	⟷	國際學校幼稚園部	2 年
6 年	官立或資助小學；直資小學	⟷	國際學校小學部	6 年
6 年	官立或資助中學；直資中學的本地課程	⟷	國際學校中學部；私立中學的國際課程；直資中學的國際課程	6 年（IB 課程）/ 7 年（IGCSE/IAL 課程）
4 年或以上	本地（香港的）大學 或 外地大學			3 年或以上

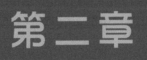

第二章

香港基礎教育

入學攻略

2.1

香港幼稚園入學攻略

無論辦本地（香港）或國際課程的幼稚園，都着重學生是
否預備好獨自學習和有效回應指令的能力。就此，家長宜
在平時的生活為孩子作準備，以便在面試時展現出來。

本地（香港）課程幼稚園

▶ 申請前的準備

1. 報讀 Playgroup

不少熱門的幼稚園都有舉辦 Playgroup，作為揀選學生
的平台。由於熱門的 Playgroup 深受家長歡迎，家長宜
預早報讀，並讓小朋友自幼在家中進行不同的活動，訓
練他們有效回應指示的能力，以便在 Playgroup 有好的
表現，從而在老師心目中留下好印象，提升他們稍後在
申請入學時獲取錄的機會。

2. 參加展覽會

部分幼稚園有參加教育展覽，家長如有時間可參加，除
加深了解，也讓學校對你留下印象。

▶ 申請時的準備

1. 填寫家長職業

填寫申請表時，一般需要填寫家長的職業和學歷。家長如有較好的學歷和工作崗位，那麼孩子面試的表現若與其他小朋友相若時，可能起關鍵性的作用。但是，大部分幼稚園會更着重父母其中一位是否為全職家長，讓孩子的成長有更好的支援。故此，在填寫申請表時可考慮其中一位（通常是母親）表示為全職家長。

2. 拍攝生活片段

部分熱門的幼稚園會要求遞交一段生活短片作第一階段評估，之後再安排入選的家庭作第二輪面試。為提高入學機會，家長宜安排合適的家居環境進行拍攝；更理想的是尋找專業的拍攝團隊拍攝，以表現小朋友最好的一面。如家居環境比較擠迫，宜安排在酒店拍攝並預先安排 staycation，讓小朋熟習環境，避免因環境陌生而影響拍攝時的表現。另外，為了讓小朋友在拍攝時表現出活力和有效回應指示的能力，宜在日常生活中多與小朋友安排互動性高的活動。

國際學校幼稚園

除了着重學生是否自主學習和有效回應指令的能力外，國際學校的幼稚園特別着重學生的英語能力，並透過模擬課堂「揀蟀」。故家長也可以考慮參加 Playgroup，讓小朋友多接觸不同的場景和增加接觸英語的機會，提升被取錄的機會。就此，近年有部分國際學校放寬標準，透過教學助理的支援讓小朋友在短時間內追上英語能力，故家長可以考慮這類國際學校的幼稚園以提升被取錄的機會。

2.2 香港小學入學及插班攻略

官立小學或資助小學

根據「小一入學統籌辦法」入讀官立小學或資助小學，毋須在學術上作額外的準備（除非有意報讀直資小學）。惟在首階段，即「自行分配學位」階段，可按家庭情況而直接取得學位或按「計分辦法準則」選擇向得分較高的小學申請而先行取得學位，免除等待第二階段的「統一派位」。

直接取得學位的方法和「計分辦法準則」分別如下：

直接取得學位

有兄／姊在該小學就讀或父／母在該小學就職的申請兒童

計分辦法準則

第一部分 （可按其中 一項取分）	（i）父／母全職在與該小學同一校址的幼稚園或中學部工作（20 分） （ii）兄／姊在與該小學同一校址的中學部就讀（20 分） （iii）父／母為該小學的校董（20 分） （iv）父／母或兄／姊為該小學的畢業生（10 分） （v）首名出生子女（5 分）
第二部分 （可按其中 一項取分）	（vi）與該校的辦學團體有相同的宗教信仰（5 分） （vii）父／母為該小學主辦社團的成員（5 分）
第三部分	（viii）適齡的兒童（即翌年九月開課時年滿五歲八個月至七歲）（10 分）

按左表所見，直接取得學位主要基於世襲，甚至有見過家長到心儀學校入職當老師或者校工從而讓子女直接取得學位。

至於按「計分辦法準則」，則取得愈高分者愈大機會獲得取錄；同分者則抽籤決定。家長可以主動爭取高分數的空間也有限，惟不少家長透過加入辦學團體附屬的信仰團體而獲得額外 5 分，以增加被取錄的機會。

至於未能在「自行分配學位」階段取得學位而進入「統一派位」階段，則策略上沒有甚麼主動性可言，主要按學校的受歡迎程度和可提供的學額為選校標準。

直資小學

直資小學因不參加「小一入學統籌辦法」而自行收生，故設有入學試。惟各幼稚園的教學目標有所不同，未必所有幼稚園的畢業生都能應付直資小學的入學試。家長如打算報讀直資小學，宜在幼稚園階段加強孩子學術上的培養，例如在課後額外安排參與語言課程或者在家加

強語言環境，提升小朋友的語言能力，讓小朋友有足夠能力應付入學試。另外，家長填寫報名表時，如表明其中一位是全職照顧小朋友，會有一定優勢。

國際學校小學部或辦國際課程的私立小學

跟國際學校幼稚園一樣，最重要是小朋友能否有效回應英語的指示和能否適應自主學習。小朋友如在本地（香港）課程幼稚園上學，宜額外報讀英語課程和在家加強英語環境以準備面試和模擬課堂評核。

插班

無論是本地（香港）或國際學校，對插班生的要求與小一申請入學的學生無異，惟在水平上一般有所放寬。若家長未能為小朋友申請入讀心儀小學的一年級，不妨在小二或小三時再行嘗試。

2.3
香港中學入學攻略

大家能猜得出以下名人有甚麼共通點？

政界	李家超、曾蔭權
歌手	李克勤、鄧紫棋 G.E.M.
香港小姐	李嘉欣
影后	吳君如
影帝	張國榮、劉德華
玉女掌門人	周慧敏

共通點：

1. 他們都只是高中畢業；部分在「成名」後再進修，分別有考取到學士或碩士程度。

2. 他們修讀的中學都屬於英文中學（而且都是資助〔津貼〕中學，免收學費）。

李家超	九龍華仁書院（津貼中學）
曾蔭權	香港華仁書院（津貼中學）
李克勤	香港華仁書院（津貼中學）
鄧紫棋 G·E·M	真光女書院（津貼中學）
李嘉欣	九龍瑪利諾修院學校（津貼中學）
吳君如	聖士提反女子中學（津貼中學）
劉德華	嗇色園可立中學（津貼中學）
張國榮	玫瑰崗學校（前為津貼中學，將於2025/26 學年停辦）
周慧敏	聖士提反堂中學（津貼中學）

現時香港共有 477 間中學，而其中有 193 間為英文中學（包括官立、資助〔津貼〕、直資及私立中學）。

香港免學費的官立中學或資助（津貼）中學有**英文中學**及**中文中學**之分（至於直資中學及私立中學這兩種收取學費的學校通常標榜所有學科是英語教學）。一般成績比較好的學生會升讀英文中學；英文中學的意思就是除了中文科、中國歷史科及中國文學科，其他術科，例如數學、物理、化學、生物、地理、世界歷史、經濟、音樂甚至聖經等全部以英語作為授課語言及考試。

全港共有 477 間中學，至 2023 年只有 193 間中學是英文中學（包括官立、津貼、直資及私立中學）；一般是第一組別（Band one）成績的小學畢業生才能考到英文中學，而這些傳統英文中學（包括部分官立中學、資助中學或直資中學），升讀香港的大學，尤其是香港「三大」（香港大學、香港中文大學及香港科技大學）的入學率相對中文中學為高；這些傳統英文中學除了學術成績，對於學生的整體個人培養（音樂、藝術及體育）方面亦十分注重。

官立中學和資助中學

按「中學學位分配辦法」分配,分「自行分配學位」階
段和「統一派位」階段。於「自行分配學位」階段,中
學可按本身的辦學理念和特色,自行錄取適合的學生,
但必須預先公佈收生準則及比重。學校可以安排面試,
但不得設任何形式的筆試。就此,家長宜按小朋友的能
力選擇報讀有把握被錄取的中學。未能在「自行分配學
位」階段被取錄的話,會進入「統一派位」階段。此階
段按經標準化的小五和小六的校內成績,計算學生的派
位組別後進行電腦配對。由於「中學學位分配辦法」就
中英數等主科給予極大的比重,故選擇升讀英文中學的
家長大多自小四起便催谷小朋友的主科成績,以爭取在
校內有較高的名次。

「一條龍」學校

「一條龍」學校的學生可選擇參與「中學學位分配辦法」,
也可以選擇直升與其小學聯繫的「一條龍」中學。

直資中學

直資中學除安排入學試外，會預留部分學額，取錄音樂、體育或其他方面有突出表現的學生。故在主科外有突出表現的學生，可考慮透過報讀直資中學入讀水平較高的學校。

國際學校中學部

跟國際學校小學一樣，最重要的是小朋友能否有效回應英語的指示和能否適應自主學習。小朋友如在非國際學校小學上學，宜額外報讀英語課程和在家加強英語環境，以準備面試和筆試。

2.4
個案分析及點評

案例一

陳生和陳太（Amy）在 2010 年通過優才計劃移居香港，他們的老家在中國東北，故當時只能操普通話。

移居到香港時孩子才兩歲半，在老家還未上幼兒園，但心知英文在香港的重要性，所以當時在老家也放一些英語影片培養他對學習英語的興趣。

來港時兒子只懂普通話。他們住在大角咀地區，因為不太熟悉當時香港的教育制度，就找住所附近的政府資助幼稚園讓兒子入讀 K1（幼兒班）。

兒子在幼稚園很快熟悉粵語環境，這可能與他的個性比較活潑有關。當兒子在幼稚園讀到 K3（高班）的時候，他們就為他報讀住所附近的大角咀天主教小學。這是一家中文小學，但在區內比較有名，畢業生大都能升讀較

好的中學（這間小學有七成學生可以進入香港政府資助的英文中學，百分比較其他小學要高）。

陳生和陳太讓孩子順其自然的學習，在小學四年級以前，沒有替他報讀太多其他的補習班或者音樂或藝術班。他們沒有太催谷他的成績，一般讓他自發學習。

Amy 在家裏跟兒子仍然說普通話，因為她的粵語不太靈光，但兒子在學校裏及朋輩間就以粵語溝通，他的粵語比父母好很多。

他在這所小學的學習很愉快，成績基本上是全級 20 名以內；但因為想他升讀英文中學，在兒子就讀小學五年級的時候，Amy 為他報讀了英國文化協會的小學課程並且每逢週末上課，以強化他的英語能力。

他的學術成績在全級排名較前，在小學六年級的時候，Amy 想於「自行分配學位」階段，為兒子報讀心儀英文中學，但因兒子的操行只有 B-，一般不獲較好學校的垂青，所以最後兒子並沒有獲得較好中學的自行派位面試

機會。Amy 表明並不會考慮私立或直資的英文中學，因為學費起碼六至七萬元一年，而資助中學是免學費的。

（按：一般較佳的資助中學，通常在自行分配學位階段，會把其中三成的學額分配予自行報考其中學之小學生〔一般需要參加個別中學面試及筆試〕，餘下 70% 則是由政府按小學畢業生的三個成績等級由電腦隨機派位收生，即「統一派位」階段。）

因兒子不獲心儀資助中學的自行派位面試機會，Amy 唯有倚靠最後的電腦派位結果。

由於兒子五六年班的成績也不差，是全級 20 名之內（他的成績是小學升中成績三個組別中最佳的第一組別〔Band 1〕）所以為他填寫升中第一志願是香港名校之一「喇沙書院」（資助中學）。電腦派位最後派不了該校，但都派了區內另一所第一組別（band one）的資助英文中學。

他在這所學校的成績也很理想；在中一中二都考取到全級前 10 名的成績。

到中三的時候，陳生陳太嘗試為兒子申請九龍華仁書院（資助中學）插班，通過面試及筆試的機會，最後成功進入九龍華仁書院插班修讀中學三年級。

這所學校歷史悠久，並且課外活動很多，現時的香港特首李家超正是「九華」畢業生；演藝界的李克勤也是姊妹學校香港華仁書院（港華）的畢業生，並且很多政府官員也是這所學校畢業。

兒子在這所學校培養及發展了很多興趣，他參加很多課外活動，包括各類球類活動。另外學校要求學生在學校內只能說英語及普通話，所以他的英語無論讀寫及聽力都有均衡的發展。

兒子現時正修讀中學五年級，明年會考 DSE。他在這所學校的成績大約是中上，他期望能考進香港「三大」（即香港大學、香港中文大學及香港科技大學，都是全球百強大學）的電腦或 IT 相關學系。

▶ 筆者的意見及點評：

1. 若移居香港是為了孩子的學業，建議最好**不要遲於小學四年級移居香港**，因為升中派位是按五年級下學期及整個六年級的成績計算，所以愈能提早到埗愈能讓孩子適應香港的教育環境及語言環境。*(按：這個是想子女進入香港資助學校的安排，若想進入國際學校就不一定需要這個時間上的安排。)*

2. 若孩子能夠在「自行分配學位」階段已經獲得較佳中學取錄，也是萬全的方法，家長要留意，除了學習成績優異，最好小朋友在學校的**操行不能低於 B**，否則失去了這個自行派位申請的機會就要按電腦派位了（有點聽天由命的感覺）。

3. 在香港讀書，接觸英文的機會比較多及應用英文比較全面，孩子運用英文亦都比較有信心。

4. DSE 考試方面，每年 DSE 的考生大約 5 萬名，其中香港八大資助大學大約有 15,000 個學額，當中五所香港的資助大學是世界 top 100 大學，所以相對**在香港修讀 DSE 能進入名牌大學的機會較大**。

案例二

謝生謝太是在 2015 年中通過優才計劃移居香港，謝生從事 IT 業務，謝太（Mary）在內地是人力資源部經理，但在香港她當上全職家庭主婦。

謝生是河北人，主要說普通話為主，Mary 是廣東人，可以操普通話及粵語。

他們的兒子 David 是 2012 年中出生，移居香港時兒子 3 歲。

在家裏 Mary 會以普通話及粵語跟兒子溝通。另 Mary 來到香港後並沒有聘用外傭。

他們移居香港後在元朗區居住，他們在元朗區找了一家中英文幼稚園（政府學券計劃資助的幼稚園）讓兒子讀 K1。

因為這幼稚園採用活學教育，不太催谷小朋友的成績，兒子很快樂的在校園裏學習，並且粵語、普通話及英文都學得很快。

在兒子上 K2 的時候，Mary 亦培養兒子其他興趣，包括畫畫及跆拳道，希望他能夠上到一間比較好的小學。

他們了解英語在香港的重要性，所以他們想兒子能入讀英文小學，在小學階段已經全面接觸英文（即所有學科，除了中文科以外，其他如數學、社會及自然科都是用英語教授），因此在 2018 年便替兒子報讀了元朗區一家私立英文小學，每年學費要數萬元（相對於免費的官立或資助學校，這個是頗大的支出）。

兒子上到小學，除了中英數，還有常識、視藝、音樂和電腦科，所有學科以至校務通告都以英語為主。

Mary 是大學畢業生，能夠在一般場合應用英語；她初時覺得應該可以協助兒子的功課，但在兒子小一開學後不久，開始覺得難於支援兒子的學習需要（尤其是小孩子學習常識、視藝等術科的專門英語）。故此在開學後不久，他們就聘請一位大學生協助兒子補習英語及所有學科，每天大約兩個小時（這是另一項龐大的支出）。

因為兒子在幼稚園時是活動教學為主，升上小學後除了

學科的增加，還要應付全英語對答學習；雖然 Mary 已經聘請補習教師每天替兒子補習，但可能因追不上學習進度，兒子變得沉默寡言。

因為兒子上學數月後仍然不大習慣以全英語學習所有學科，兒子變得很不願意上學。

有見及此，謝生謝太商量後，在一年後安排兒子轉回元朗區一所資助中文小學。

雖然在中文小學接觸英語機會較少，但可以在小學階段讓孩子用母語去學習基本的學科知識，打穩基礎；他們打算至中學時才讓兒子報讀全英文學校。因為升中的呈分試在五年級開始，他們在兒子四年級的時候替其報讀英國劍橋的初級英語課程。

▶ 筆者的意見及點評：

在小學階段報讀英文小學，可增加小孩子接觸英語的機會，但這亦要視乎學生在家裏的支援，基本上家長必須要有很高的英語能力以支援兒子在不同學科的學習需要。

謝生謝太最後的決定是正確的，讓小孩子轉回中文小學學習，能讓他找回自信心及掌握基礎學科知識，至中學階段才讓兒子報讀全英文學校，此舉可以在小學階段節省一年數萬元的學費以及龐大的補習老師支出。

故此，小學階段報讀英文小學須視乎小孩子的接受能力及家庭的支援。

第三章

大專教育

（學位程度以下）

3.1

香港職專教育（含最新政策）

一、職專畢業生留港計劃（VPAS）介紹

「職專畢業生留港計劃（Vocational Professionals Admission Scheme，英文簡稱 VPAS）」是香港政府提出的一項支持職業專才教育的措施，以應對經濟轉型和科技發展下的迫切人力需求。這新措施能進一步鞏固香港職專教育的優勢，透過多元的培訓模式，為香港、大灣區以至國家培育更多優秀職業專才，建立更大的職業人才庫，幫助推動香港以至國家的經濟發展。

計劃試行期為兩年，容許 2024/25 學年及 2025/26 學年來港修讀政府指定的職業訓練局（VTC）全日制高級文憑課程的非本地生（包括內地及其他國家／地區的學生），於畢業後可申請**留港工作**，投身與其課程相關的專業行業，包括航空、運輸及物流；創新及科技；機電工程；建築、土木工程及建設環境，以及海事服務。

VPAS 要點：

- 兩年試行計劃（2024/25 及 2025/26 學年入學）；
- 適用於非本地生（包括內地及其他國家／地區的學生）；
- 申請人提交本計劃申請時，年齡須在 18 歲或以上；
- 來港就讀香港特區政府指定的 VTC 全日制高級文憑（兩年制）課程（涵蓋五大行業共 27 個專業）；
- 畢業後可申請為期一年的 VPAS 簽證以留港尋找工作；
- 其後須全職從事與課程相關的行業；
- 只要繼續在港受聘，並累計居港滿七年後（包括兩年學習、一年尋找工作及其後四年工作），可申請成為**香港永久性居民**。

VPAS 簽證及居留權過程

2023 年 12 月 14 日《經濟日報》標題報道〈職專畢業生留港計劃：填補技術專才缺口　支持本港經濟發展〉：

■ 專題　　　　　經濟日報　　　　2023 年 12 月 14 日

　　為紓緩技術及職業專才短缺，行政長官李家超在新一份施政報告提出「職專畢業生留港計劃」（VPAS），容許來港修讀指定職業訓練局（VTC）全日制高級文憑課程的非本地生（包括內地及其他國家／地區），畢業後申請留港從事與其課程相關的工作。

　　VTC 是香港最具模的職業專才教育機構，設有 14 間機構成員，每年為約 20 萬名學生提供全面的職前及在職訓練，頒發國際認可的學歷資格。VTC 開辦的高級文憑（兩年制）課程已通過香港學術及職業資歷評審局評審，獲授予學科範圍的評審資格，課程均已列載於「資歷名冊」內，並獲香港資歷架構第四級別認可（按：相當於內地的大專資歷）。

吸引非本地生留港工作　促進香港重要行業發展

　　VPAS 計劃會在未來兩個學年（2024/25 及 2025/26）試行，主要針對本港缺乏職專人才的技術行業，這些行業單靠本地畢業生並不能滿足行業人才需求。

　　計劃涉及 5 個重大範疇，包括航空、運輸及物流；海事服務；創新及科技；機電工程；以及建築、土木工程及建設環境的 27 個高級文憑課程，全部由政府審批。

　　近年本港中學畢業生人數明顯驟降，影響本港專業技術人員供應，長遠窒礙本港經濟及產業發展。VPAS 正好可以鼓勵他們畢業後留港就業。

　　非本地生在完成合資格的全日制高級文憑課程後，可申請 VPAS 簽證留港 12 個月尋找工作，若他們成功受聘與就讀專業相關的全職職位，可申請續簽 VPAS 簽證，只要從讀書至受聘累計居港滿七年，便可依法申請香港居留權。

業界支持：僱主參與是推動計劃成功的重要一環，VTC 曾諮詢轄下行業訓練委員會，他們絕大部分均支持及曾向政府建議讓高級文憑的非本地畢業生留港工作以填補人才空缺。委員會成員來自不同專業團體、商會及企業，了解行業人才狀況，委員會將繼續協助 VTC 推行「職專畢業生留港計劃」並給予人力需求上的意見。

VTC 擁有強大的業界網絡，並將全力協助政府推行計劃，同時尋求更多業界對計劃的支持，包括聯手推廣非本地生入讀 VPAS 課程、為學生提供實習機會、條件性聘用及全職聘用畢業生，以至提供獎學金及贊助等。VPAS 現已獲機場管理局、國泰航空、香港空運貨站、電訊盈科、思科和 AECOM 等大企業支持，亦盼望日後有更多企業響應。

◑ 多元發展出路

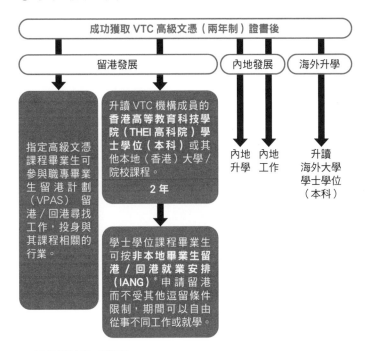

```
┌─────────────────────────────────────────────────┐
│      成功獲取 VTC 高級文憑（兩年制）證書後           │
└─────────────────────────────────────────────────┘

┌──────────────────┐   ┌──────────┐ ┌──────────┐
│     留港發展       │   │  內地發展  │ │ 海外升學  │
└──────────────────┘   └──────────┘ └──────────┘
```

指定高級文憑課程畢業生可參與職專畢業生留港計劃（VPAS）留港／回港尋找工作，投身與其課程相關的行業。

升讀 VTC 機構成員的**香港高等教育科技學院（THEI 高科院）學士學位（本科）**或其他本地（香港）大學／院校課程。

2 年

學士學位課程畢業生可按**非本地畢業生留港／回港就業安排（IANG）**＊申請留港而不受其他逗留條件限制，期間可以自由從事不同工作或就學。

內地升學

內地工作

升讀海外大學學士學位（本科）

＊　IANG 詳細介紹，見第四章。

二、職專畢業生留港計劃（VPAS）課程

VTC 高級文憑課程，修讀期一般為兩年；除特別註明外，授課語言一般為英語（輔以中文〔通常為粵語〕）。

◑ 課程一覽

商業

廣告及媒體傳播高級文憑

市場學及顧客分析高級文憑

環球商業管理及語言高級文憑

航空及物流高級文憑　[VPAS]　👆

航空機艙及客運服務高級文憑　[VPAS]

航空服務及運輸學高級文憑　[VPAS]　👆

工商管理學高級文憑

活動及商業推廣市場學高級文憑　👆

公關及傳播管理高級文憑

工程

土木工程高級文憑　[VPAS]

建造管理學高級文憑　[VPAS]

測量學高級文憑 VPAS

建築科技及設計高級文憑 VPAS

地理空間科學及土地測量高級文憑 VPAS

電機工程高級文憑 VPAS

機械工程學高級文憑 VPAS

屋宇裝備工程學高級文憑 VPAS

飛機維修工程高級文憑 VPAS

海事科技高級文憑 VPAS

航空系統及營運高級文憑 VPAS

設計

建築設計高級文憑 VPAS

園境建築高級文憑 VPAS

室內設計高級文憑

產品、家具及珠寶設計高級文憑（科目組）

廣告設計高級文憑

視覺藝術與文化高級文憑

視覺傳意高級文憑

插畫設計高級文憑

時裝形象設計高級文憑

時裝媒體設計高級文憑

演藝造型設計高級文憑

時裝設計高級文憑

數碼時裝品牌策劃及採購高級文憑

活動、展覽及表演場景設計高級文憑

健康及生命科學

化驗科學高級文憑

保育及樹木管理高級文憑

藥劑科學高級文憑

醫務中心營運高級文憑

食品科技及安全高級文憑

體適能及運動營養學高級文憑

酒店及旅遊

旅遊及會議展覽高級文憑

康體文娛管理高級文憑

機場營運管理高級文憑 VPAS 肯

國際酒店管理及智慧服務高級文憑

廚藝高級文憑

資訊科技

電訊及網路科技高級文憑

軟件工程高級文憑 VPAS

遊戲軟件開發高級文憑 VPAS

雲端系統及數據中心管理高級文憑 VPAS

人工智能及手機軟件開發高級文憑 VPAS

網路安全高級文憑 VPAS

人工智能及智能科技高級文憑 VPAS

數據科學及人工智能高級文憑 VPAS

遊戲及動畫高級文憑 VPAS

主題公園及劇場創意科技高級文憑 VPAS

多媒體、虛擬實境及互動創作高級文憑 VPAS

以上圖表是職業訓練局（VTC）所推出的所有兩年制高級文憑課程，其中 27 個標有 VPAS 的，是這次職專畢業生留港計劃的課程，另有四科標註「普」字的，是主要以普通話作為授課語言的科目（其中三項是屬於 VPAS 計劃課程）。

上述全部 27 個 VPAS 課程都是香港現時十分缺乏人才的科目，同時亦是就業很熱門的課程。

三、提供職專畢業生留港計劃（VPAS）院校的收生要求及注意事項

根據我們於 2024 年 4 月份查詢 VPAS 香港及內地的辦事處，了解到以下的申請資料和策略：

❶ 基本成績：如果是夏季的高考，大概 380 分以上，英文 80 分、中文 90 分以上（這成績基本上是內地三本或大專的入學分數線，當然這也視乎不同的學科而定）。

英文方面可以用雅思平均 5 分或者 TOEFL 500 分紙筆測驗分代替。

通常在網上提交申請後，大約三個星期後會進行網絡面試，面試方面會以英語進行。通常於面試後的兩週內，或不遲於 7 月底以電子郵件公佈結果（適用於當年的申請）。

❷ 學費大約每年港幣 59,600 至 61,200 元（學費較 VTC 開辦相關本科課程每年港幣 102,300 至 132,990 元便宜一半以上）；學生可以申請 VTC 宿舍（青衣及薄扶林有大約 700 個宿位），雙人間的住宿費為每位港幣 22,000 元。

❸ 基本上 VPAS 兩年制的高級文憑都有一個學期的實習，實習是否受薪視乎實習期間的僱主而定。

④ 按招生章程高級文憑一般畢業生的就業率超過 90%（今次 VPAS 的 27 個高級文憑課程都是香港欠缺技術人才的行業）！

⑤ 暫時 VPAS 畢業生並沒有銜接相關本科的政策。所以如果畢業生需要再進修，可以在取得香港永久居民身份證以後選擇修讀香港或海外的銜接（全職或兼讀）本科課程。

⑥ 按照招生簡章，今年的入學申請已延遲到 2024 年 7 月 7 日，此為方便今屆內地高考學生放榜後申請。（來年的入學申請截止日期請留意相關公佈）

⑦ 往屆高考的成績都可以申報，暫不會扣分。所以若有考生打算來年才報讀 VPAS，根據招生處的資料他們會在 2025 年 1 月在網上發出招生通告，招考 2025 年 9 月入學的學生，若申請人符合他們所有要求，招生處可以提早發出取錄通知確認。

⑧ 申請人若有內地相關大專甚至大學本科畢業，亦可以申請 VPAS 的一年級課程，如果按這個途徑申請就不用考慮申請人的高考及中英文成績（而 VTC 學院會改為考慮申請人的大專及本科畢業的成績作為取錄標準）。

憑工作經驗申請入學

為了更多元吸納有志於職專技能發展之技術人才，VTC高級文憑課程新增入學管道，現接受憑工作經驗申請入學，詳情如下：

（a）申請要求
申請人須在香港、內地或境外取得**豐富的與報讀課程相關工作經驗及 / 或資歷**，並有能力接受副學位教育。

（b）錄取條件
申請人須提交個人簡歷（包括曾參與過的工作項目）、工作證明、僱主推薦信等，以證明其在行業的成就和貢獻；

（c）通過網上英語面試；及

（d）通過網上英文筆試

所有申請須經有關學系個別評審。**持有內地高中以上學歷，例如高級技工學校、技師學院畢業證書、大專、大學等亦可憑相關工作經驗申請入學。**

四、職專畢業生的工資水準與大學畢業生的入職工資水準比較

根據香港「學友社」2023 年 11 月 30 日發表的文章〈ICT 及創意媒體職專畢業生起薪點不輸大學生〉：

■專題　　　　　　　學友社　　　　2023 年 11 月 30 日

　　調查訪問了 500 名從事資訊與通訊科技行業及創意媒體行業的僱主，結果顯示就讀高級文憑課程的畢業生，入職起薪點與大學生相若，月薪均為 1.7 萬至 2.3 萬元。發言人指結果突顯了提升職業專才教育至大學程度的重要性，並顯示讀大學不一定是在職學生的唯一出路。他續指，大學生起薪點可能仍較高，但讀職專比讀大學早兩年投身社會，在這段時間，他們能累積工作經驗且經薪金調整後，其薪金水準不比剛投身職場的大學生差。

五、攻略及點評

這個 VPAS 兩年制高級文憑課程的性價比十分高，修讀兩年高級文憑課程的學費，比較相關本科每年的學費便宜一半以上（而且本科要修讀四年）；而修讀兩年高級文憑之後，以往畢業生平均 90% 都能找到相關工作，入職起薪點與大學生相若。

所以，**中游成績的申請人（若高考成績只夠上內地的三本或大專的）報讀 VPAS 課程，絕對是修讀內地本科課程的另一選擇**。而且修讀課程畢業後可申請為期一年的 VPAS 簽證以留港尋找工作，其後只要全職從事與課程相關的行業，並繼續在港受聘，累計居港滿七年後（即包括兩年學習、一年尋找工作及其後四年工作），就可申請成為香港永久性居民。

另外 2024 年 4 月初特別增加以工作經驗申請入學的計劃，給予一些學歷不高，但相關資歷及經驗豐富的人申請入學，不失為技術工人來港學習及工作並取得香港居留權的另一途徑。

3.2 一般大專教育政策

其實在香港有很多院校都可提供本科以下的課程（統稱為**副學位課程**，即內地所稱的**大專程度**），而且課程範圍十分多元化。前述的 VPAS 就是由 VTC 提供其中 27 項高級文憑課程。除 VTC 外，尚有 23 家大專院校能夠提供本地（香港）認可的高級文憑的課程。香港的副學位學歷有兩種，除**高級文憑**以外，尚有**副學士**（類似美國大學的兩年制的社區學院）。

所有這些課程都有一個特點，就是內地學生基本上可以過來香港修讀這些課程，但是全部課程（除了前述提及的 VPAS 課程），**所有這些副學位課程的畢業生，畢業以後都不可以直接留港工作！**如果他們想繼續留在香港，必須在大專畢業後（即高級文憑或副學士畢業後），繼續修讀本地大專或者大學開辦的相關本科課程院校的第三年級；當他完成本地的本科課程後，就可以通過 IANG 政策（非本地畢業生留港政策，詳見第四章）申請留港工作。

副學士與高級文憑的比較

副學士（Associate Degree）及高級文憑（Higher Diploma），兩者都被統稱為副學位，兩者比較如下：

副學士

副學士（Associate Degree）修讀年期為兩年，屬於資歷架構第四級。根據自資專上教育資訊平台的資料，於 2023/24 學年，經本地評審的副學士學位課程有 101 個，分別由 7 個院校提供。副學士普遍着重通識教育（Liberal Arts）科目，佔整體課程至少六成，包括語文、資訊科技及院校通識課程等，內容偏向學術及研究，旨在讓學生銜接升讀大學。

副學士首年學費約為 50,000 至 100,000 元不等，視乎院校和學科而定。

▶ 院校選擇

於 2023/24 學年，共有 7 間院校提供副學士課程：

- 明愛白英奇專業學校
- 香港大學專業進修學院保良局何鴻燊社區書院
- 浸會大學國際學院
- 嶺南大學持續進修學院
- 理工大學香港專上學院
- 香港大學附屬學院
- 伍倫貢學院

▶ 升學出路

通常有開辦副學位課程的大學，學生能升讀自己院校的本科比例較高。一般而言，GPA 達到 3.3 或以上，基本上都可以升讀大學；如果只有 3 至 3.3，就可能要同時考慮面試表現及 IELTS 成績；至於低過 3.0 就可能要考慮其他升學途經，例如自資課程。

副學士具有獨立結業資格的資歷，屬於資歷架構第四級，持有合資格副學士學位資歷的畢業生一般會報讀高年級學士學位課程或四年制學士學位課程的第三年，視乎報讀院校 / 學科等要求。

高級文憑

高級文憑（Higher Diploma）修讀年期為兩年，屬於資歷架構第四級。根據自資專上教育資訊平台的資料，於 2023/24 學年，經本地評審的高級文憑課程由 24 間院校提供。

高級文憑普遍着重實用性的專業知識、專修科目、專業訓練及職業技能等，佔課程至少五至六成，主要裝備學生日後投身相關專業。高級文憑的範疇包括資訊科技、設計及媒體製作、廚藝及飲食、幼兒教育、酒店管理等。高級文憑首年學費約為 16,000 元至 90,000 元不等，視乎院校和學科而定。

▶ 院校選擇

截至 2024 年 6 月，香港主要提供高級文憑課程的院校有以下 24 間：

- 香港專業教育學院（職業訓練局 VTC 旗下機構成員）*
- 香港知專設計學院（職業訓練局 VTC 旗下機構成員 —— 專門提供設計課程）*
- 香港資訊科技學院（職業訓練局 VTC 旗下機構成員 —— 專門提供資訊科技課程）*

* 這三間 VTC 旗下機構所提供的部分課程為 VPAS 課程。

- 明愛白英奇專業學校
- 明愛專上學院
- 宏恩基督教學院
- 香港專業進修學校（簡稱「港專」）
- 香港大學專業進修學院保良局何鴻燊社區書院
- 香港三育書院
- 香港藝術學院（香港藝術中心附屬機構）
- 香港浸會大學電影學院
- 香港浸會大學持續教育學院
- 香港科技專上書院
- 香港都會大學
- 香港都會大學李嘉誠專業進修學院
- 香港能仁專上學院
- 嶺南大學持續進修學院
- 香港中文大學專業進修學院
- 香港專上學院（為香港理工大學附屬機構）
- 香港大學附屬學院
- 東華學院
- 香港伍倫貢學院
- 耀中幼教學院
- 青年會專業書院

▶ 升學出路

不同院校的升讀大學率分別較大，需要留意。有開辦高級文憑課程的八所大學，其學生能升回自己院校的本科比例較高。一般而言，GPA 達到 3.3 或以上，基本上都可以升讀大學；如果只有 3 至 3.3，就可能要同時考慮面試表現及 IELTS 成績；至於低過 3.0 就可能要考慮其他升學途徑，例如自資課程。高級文憑的本地（香港）升學選擇包括政府資助學士學位、銜接學位及自資學位課程，而現時有 10 個海外國家或地區的大學會為高級文憑畢業生提供升學出路，讓畢業生可以申請入讀學位課程或學分轉移。

內地生入學資格（副學士及高級文憑）

視乎不同院校提供的副學士或者高級文憑及不同學科而定，一般成績要求是全國普通高等學校統一考試（高考）的內地大專／三本線至二本線的成績（若學科要求達二本線成績的，英國語文科亦要達所屬省／市滿分之 60%），但一般畢業後能夠升讀本科三年級比例愈高的副學位院校，收生的要求也愈高。到時大家有心儀的學科可以詳細查詢每一院校的入學成績要求。

內地學生報讀副學位課程的攻略及點評

按前所述,除了 VPAS 的新政策,所有內地學生在香港修讀副學位(包括副學士及高級文憑)畢業後都不能留港工作,所以他們畢業後能夠順利修讀本地大學或大專提供的本科第三年級是十分關鍵的。

他們在選科時,除了興趣先行,也要「有能力」修畢兩年課程後達到中上的成績(GPA 基本上要 3.3 或以上),才有機會銜接本地(香港)院校提供的本科課程第三年,否則他們不能再逗留在香港讀書或工作。當然如果他們的成績比較好(一般最低是高考二本以上),能夠直接報讀本地(香港)大學 / 大專提供的本科課程第一年,就減少這重憂慮了。

第四章

非本地畢業生留港（IANG）政策

4.1 非本地畢業生留港（IANG）政策簡介

香港是一個公認的國際城市，既有西方的文化價值，也保存了中國傳統文化；亦因其國際金融中心地位，除了港資公司，亦有來自世界各地的企業在香港設立分公司或於香港集資上市。所以，於香港畢業的大學生便有更多機會接觸不同國家的企業文化。

根據《經濟一週》2024 年 4 月 13 日的報道，2021/22 年度畢業於香港的各所大學畢業生的平均年薪為港幣 30.3 萬元（平均月薪約港幣 2.5 萬元），比起 2022 年的統計處所顯示的每月就業收入中位數港幣 19,000 元[1] 高出約 3.3%。

香港各所大學無論是教材、作業、考試及大部分的教授多是以英語授課；而在進行分組簡報作業上，也必須以英語向教授匯報；甚至一些校務處或學生會的公告也

註 1：引自政府統計處網站。https://www.censtatd.gov.hk/en/data/stat_report/product/B1010003/att/B10100032023AN23B0100.pdf

是以英語溝通為主，這讓學生在至少 4 年的大學生活期間沉浸在英語的環境中，無疑有利於學生英語水平的提升。在他們畢業出來工作時可以更有效地與世界接軌，擴闊視野。

基於以上原因，在選擇於香港還是到其他歐美地區升學進修，不少內地家長會傾向讓他們的子女在香港升讀大學，並且於香港定居發展。

有見及此，香港入境事務處自 2008 年起實施了一項名為《非本地畢業生留港 / 回港就業安排（Immigration Arrangements for Non-local Graduates "IANG"）》的政策。而於 2022 年 12 月 28 日起，香港的大學於粵港澳大灣區內地城市設立的高等教育合作辦學機構的全日制課程學士學位或以上畢業生，亦可申請 IANG。不論是否應屆的畢業生，這個安排更好地為他們提供一個在港發展的出路。

在香港修讀全日制經本地評審課程而獲得學士學位或更高資歷的**非本地學生**[2]（下稱「非本地畢業生」），可根據 IANG 申請留港／回港工作。**應屆畢業生**如有意於畢業後留港工作，需在畢業日期起計 6 個月內向入境處遞交在港就業申請，便不需要在提出申請前找到工作；而於畢業日期後 6 個月才提出申請，如此就會歸類為非應屆畢業生。**非應屆畢業生**如有意返港工作，則必須在提出申請時先獲得香港企業聘用。只要受僱從事的工作通常是由學位持有人擔任，以及薪酬福利條件達到市場水平，有關申請便會獲得考慮。**IANG 並無配額限制，亦不限行業。**

除了以上在本地（香港）大學修讀的非本地畢業生，修讀按照《中華人民共和國中外合作辦學條例》而設立的內地與香港的大學的學生，於粵港澳大灣區內地城市設立的高等教育合作辦學機構所提供的全日制課程而獲得學士學位或更高資歷的人士（下稱「大灣區校園畢業生」），也可根據 IANG 申請來港工作。該些院校包括北

註 2：非本地學生是指持有入境事務處處長簽發的學生簽證／進入許可來港就讀的人士。而非本地畢業生包括了**非本地應屆畢業生**及**非本地非應屆畢業生** 。亦即是說只要是非本地學生於香港的大學畢業，亦涵括在 IANG 這個政策。

京師範大學 —— 香港浸會大學聯合國際學院、香港中文大學（深圳）、香港科技大學（廣州）和 2024 年才成立的香港城市大學（東莞）。

IANG 不適用於阿富汗、古巴及朝鮮（北韓）的國民。就老撾、尼泊爾及越南國民而言，IANG 只適用於：一、在香港修讀由大學教育資助委員會資助大學開辦的全日制經本地評審的本地課程而獲得學士學位或更高資歷的人士，但不包括 (i) 相關大學開辦的自資課程；(ii) 相關大學的持續及專業教育部門開辦的課程；及 (iii) 相關院校開辦的交換生課程或短期課程；及，二、大灣區校園畢業生。

✪ 香港及內地院校金字塔

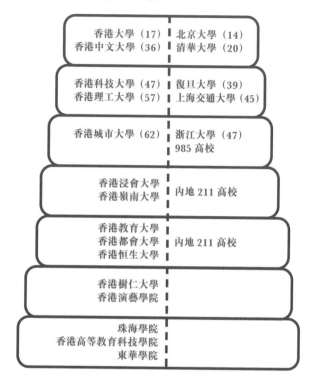

香港大學（17） 香港中文大學（36）	北京大學（14） 清華大學（20）
香港科技大學（47） 香港理工大學（57）	復旦大學（39） 上海交通大學（45）
香港城市大學（62）	浙江大學（47） 985 高校
香港浸會大學 香港嶺南大學	內地 211 高校
香港教育大學 香港都會大學 香港恒生大學	內地 211 高校
香港樹仁大學 香港演藝學院	
珠海學院 香港高等教育科技學院 東華學院	

這個金字塔圖參考 2024 年 6 月 5 日的 2025QS 世界大學排名。QS World University Rankings（QS rankings）是由英國高等教育調查機構 Quacquarelli Symonds 所發表的年度世界大學排名。排名評選指標包括全球聲譽、學術產出品質及影響力、國際化程度等。

以上高校金字塔圖對比了香港各所院校與內地的院校等級。大家可以看到香港這個只有 750 萬人口的城市在金字塔頂部已有 5 間世界 100 大的大學,而且可以跟全國 5 間世界排名 14 至 47 的名牌大學作對比。

當然,此排名圖僅作為初步參考之用,事實上每一所大學都有各自擅長的科目及學術領域,QS 排名不能完全代表一所大學的真正實力。

4.2

香港院校的 IANG 學士課程 （本科）概述

基本上可以成功辦理學生簽證的本科學位，已經是 IANG 政策中符合申請資格的學士學位。非本地的學生有意報讀香港的本科學士課程，需要在原居地的升學或學能測試中取得與香港中學文憑試 3322 的同等成績，例如內地的高考、國際預科文憑、SAT 考試等。如該學生的母語非英語，還需要報考托福（TOEFL）、國際英語水平測試（IELTS）或其他同類型的考試。以下是關於香港可提供本科學士學位的院校簡介、收生程序及成績要求：

香港大學

香港歷史最悠久的頂尖學府，於 1911 年成立，位於香港的薄扶林。現時共有 10 所學術學院：教育學、法律學、社會學、哲學、國際關係、建築學、新聞學、社會科學、政治學和文學。港大是香港最頂尖的大學，現時屬於「QS 世界百強大學」、「泰晤士高等教育世界百強

大學」、「美國新聞與世界報道世界百強大學」及「軟科世界百強大學」。

港大於內地招生，有其獨立的報名程序，不屬於內地高校統一招生機制，所以並不影響學生同步參加內地的統招。香港大學提供超過 100 個學士學位課程予內地學生報讀（合辦的聯合本科課程則並不符合申請 IANG 的資格），惟 2024 學年牙醫學士學位僅供香港本地學生選讀。應屆的內地高考考生均可申請報讀香港大學，學生須在港大內地招生官網完成申請程序。完成後，學生可以繼續申請「多元卓越入學計劃」。大學會對申請人提前選拔，並且有機會提前參加面試。

香港中文大學

香港頂尖學府之一，於 1963 年由崇基學院、新亞書院及聯合書院合併而成立。位於新界的大埔和沙田之間的馬料水。目前中文大學共有 8 所學術學院：文學院、理學院、社會科學院、工商管理學院、醫學院、教育學院、工程學院及法律學院。現時屬於「QS 世界百強大

學」、「泰晤士高等教育世界百強大學」及「美國新聞與世界報道世界百強大學」。

香港中文大學通過「全國普通高等學校統一招生計劃」招收內地的高考生。高考生不需直接向中大提出申請，只需在高考出分後透過提前批次填報志願便可。準備報讀香港中文大學學生的高考成績必須達到一本線或以上。而中大在統招中屬提前錄取批次，故考生在填報中文大學的同時也可填報其他本科一批（即一本線）的內地高校。中文大學有超過 70 個學士學位課程供內地學生選讀。

香港科技大學

香港頂尖學府之一，創立於 1991 年，坐落於香港西貢區大埔仔，現時屬於「QS 世界百強大學」、「泰晤士高等教育世界百強大學」、「美國新聞與世界報道世界百強大學」以及泰晤士高等教育世界第二年輕大學。香港科技大學的強項分別為科學研究及商學。

香港科技大學在內地獨立招生，而且沒有參與內地的高

校統一招生計劃。學生必須透過網上申請系統直接向大學遞交入學申請。申請入學的學生須在國家統一高考考取一本線成績，其中外語語種必須為英語，或有效而達標的雅思（IELTS）／托福（TOEFL）。高考成績達標的將獲邀面試，過程以全英語進行。科技大學提供超過40個學士學位課程供內地學生報讀。

香港社會普遍把這三所大學稱為香港的「三大」。

香港理工大學

香港頂尖學府之一，其前身是 1937 年創立的香港官立高級工業學院，此後歷經多個發展階段，並在 1994 年升格為大學，位於九龍紅磡（紅磡火車站旁）。現時屬於「QS 世界百強大學」、「泰晤士高等教育世界百強大學」及「美國新聞與世界報道世界百強大學」。理大共有九個學院，包括工程、建設及環境、工商管理、醫療及社會科學、人文、時裝及紡織、設計、理學院、酒店及旅遊業管理學院。

香港理工大學有其獨立的招生計劃，並且沒有參加內地高校統一招生計劃；有意報讀理工大學的內地學生需於網上遞交入學申請。學生需要有良好的英語成績；如學生在其他非學術領域，如體育、文化藝術、領導才能等不同範疇獲卓越表現，可嘗試參與「德藝計劃」爭取優先面試選拔資格。理工大學提供超過 30 個學士學位課程供內地生報讀。值得一提是，香港只有理工大學設有視光師課程。

香港城市大學

香港頂尖的大學之一，位於九龍區的九龍塘。創立於 1984 年並於 1994 年正名為香港城市大學，現時屬於「QS 世界百強大學」及「泰晤士高等教育世界百強大學」。10 個學院包括商學院、工學院、人文社會科學院、理學院、賽馬會動物醫學及生命科學院、創意媒體學院、數據科學學院、能源及環境學院、法律學院、創新學院，另有周亦卿研究生院。

香港城市大學是透過「全國普通高等學校統一招生計劃」招收內地學生，學生需要按照招生章程公佈的程序報名。基本的入學成績要求須達一本線，當中英語成績

須達 120 分或以上（以滿分 150 計），某些學院會有更高的英語水平要求。城市大學提供超過 40 個學士學位課程供內地生報讀。

香港浸會大學

香港教育資助委員會（教資會）資助的 8 所公立大學之一 [3]，與香港城市大學一同座落於九龍區的九龍塘。其前身為 1956 年創辦的香港浸會書院，以傳理、中國文學、音樂、現代中醫藥等學系聞名，並在 1994 年正式升格大學。浸大傳理學院於 2011 年榮膺「全球十大新聞學院」，位列亞洲第一；會計、金融及數學等學科亦位列世界 200 強。

香港浸會大學採取獨立招生，沒有參加內地的高校統一招生計劃，內地學生需要直接向大學遞交申請。基本要求高考成績需達一本線或以上，並且英語分數達 110 分或以上（以滿分 150 計）。香港浸會大學提供超過 20 個學士學位課程給內地生修讀。

註 3：教資會資助大學包括（排名不分先後）：香港城市大學、香港浸會大學、嶺南大學、香港中文大學、香港教育大學、香港理工大學、香港科技大學和香港大學。

嶺南大學

位於香港屯門虎地，是香港唯一一所公立博雅大學，也是唯一一所擁有足夠宿舍設施為所有本科生提供四年本科全宿的大學。大學於 2012 年正式加入世界博雅學府聯盟，並於 2015 年獲《福布斯》雜誌列為亞洲十大頂尖博雅學院之一。

嶺南大學並沒有參加內地的高校統一招生計劃，考生需要直接向大學提交網上申請。大學會根據高考成績、英語成績等來收生。另外如果在體育、音樂或社會服務等方面有突出表現（如於省級或以上的比賽獲獎），也是一個考慮因素。嶺南大學提供超過 20 個學士學位課程給內地學生報讀。

香港教育大學

香港唯一以師範教育為本的大學，亦是教資會轄下的八間法定公立大學之一，位於新界大埔。香港教育大學設有 3 個學院：博文及社會科學學院、教育及人類發展學

院和人文學院；轄下設有 16 個學系，提供不同範疇的本科課程，同時也為在職教師提供兼讀制進修課程。

香港教育大學並沒有參加內地的高校統一招生計劃招收高考生。學生需自行報讀教育大學，同時不影響填報其他內地重點高校。報讀教育大學的考生必須在高考取得一本線以上或特殊類型招生控制分數線，並且英語需達 120 分以上（以滿分 150 分計；報讀以中文為主的學位則 110 分便可）。教育大學提供超過 30 個學士學位課程供學生修讀。由於教育大學是以培訓教師為主，大部分學位課程都是圍繞和教育有關。

香港都會大學

位於九龍何文田的法定公立大學，前名為香港公開大學。香港首所應用科學大學並具全面學術自行評審資格。香港都會大學共有七所學院：護理及健康學院、科技學院、人文社會科學院、李兆基商業管理學院、教育及語文學院、李嘉誠專業進修學院及公開進修學院。

香港都會大學在內地通過單獨自主招生方式招收高考生，有意報考的內地高考生需通過網上報名。報考的學生成績須達二本線（部分省份為本科線）或以上，其中高考的英語成績至少達 120 分以上（以滿分 150 分計）。都會大學提供超過 35 個學士學位課程供內地學生報讀。

香港樹仁大學

香港第一所獲得政府承認的私立大學，位於香港島北角寶馬山。2024 年，樹仁大學在國際高等教育資訊機構亞洲排名為 351-400，在香港私立大學之中排首位。

樹仁大學是通過自行招生的方式招收學生，內地學生需自行於該校的網上系統遞交入學申請。畢業於內地高中的學生即有資格申請入讀，而入學的成績要求為所屬省市二本線或以上，個別省份需本科線或以上。樹仁大學提供 20 個學士學位課程予學生報讀。

香港恒生大學

香港其中一所獲得香港政府承認的私立大學，由恒生銀行開辦，位於新界沙田區。前身為香港知名的恒生商學書院（恒商），2012年轉制成為恒生管理學院，並於2018年升格為大學。大學由5個學院組成：商學院、傳播學院、決策科學學院、人文社會科學學院和翻譯及外語學院。

恒生大學為自主獨立招生，內地生須通過網上入學申請報名系統遞交申請。有意報讀的學生成績須達所屬省份的二本線或以上，其外語語種必需為英語及達至100分以上（以滿分150分計）。如英文未能達標，亦可以雅思（IELTS）5.5分或托福（TOEFL）525分（紙筆）/70分（網絡化）替代，惟不接受在家線上考試或家庭版托福考試。香港恒生大學提供超過20個本科學士學位課程予內地學生報讀。

聖方濟各大學

一所天主教的私立大學,於 2024 年 1 月正式由明愛專
上學院升格成為香港 12 所大學之一,位於香港的將軍
澳。聖方濟各大學在 2024/25 學年並沒有提供本科學士
課程予內地學生報讀。

其他專上學院

除了以上大學外,還有 5 所專上學院是可以頒發本科生
的學士學位,並供內地考生報讀:

香港專業進修學校 (港專)

港專機構轄下的一所慈善性質的教育機構,創辦於
1947 年,致力於職業專才教育。港專提供全日制及兼
讀制的學士學位課程,亦提供高級文憑或普通文憑等課
程。校舍位於何文田及馬鞍山。

港專的學士學位有別於內地高校統一招生計劃,課程不
佔內地高考志願。港專提供 2 個學士學位課程位予內

地學生報讀。所有內地生均需參加為期一年的「夢想啟航 —— 內地生來港適應計劃」，課程內容包括開課前的「英語先修課」、「個人跟進及輔導」、「香港生活文化面面觀」，有英語老師及社工進行個別輔導。

香港演藝學院

是一所專門培訓表演藝術的高等學府，於 1984 年成立。演藝學院提供學士以上的課程。學習的範疇包括戲曲、舞蹈、戲劇、電影電視、音樂與舞台及製作藝術。根據 2024 年公佈的 QS 世界大學排名，香港演藝學院於表演藝術類別榮膺亞洲第一。

內地的學生須在國家統一高考文理科取得滿意成績（不適用於藝術類）或專科畢業證書並取得滿意成績，便符合入學的基本要求。演藝學院提供 6 個本科學士學位課程供內地學生報讀。

香港珠海學院

香港珠海學院於 2004 年 7 月註冊成立，同年 10 月獲批准開辦經評審學士學位課程。該校位於新界屯門東近舊咖啡灣。

珠海學院有參加內地統招計劃，有意報讀的內地考生可以直接填寫志願。最低成績要求達到所屬省份的普通本科線，其中英語分數為 100 分（以滿分為 150 計）。珠海學院提供超過個 10 學士學位課程供內地學生報讀。珠海學院的傳理及新聞系在香港也是比較有名。珠海學院亦是除了八大外，唯一一所提供認可建築學士課程的學院。

東華學院

東華學院由香港最大規模的慈善機構東華三院成立於 2010 年。東華學院分別由 4 所學院：人文學院、管理學院、醫療及健康科學學院和護理學院組成。校舍分別設於九龍京士柏、旺角及新界葵涌。

東華學院沒有參加內地的統招計劃，有意報考的同學須直接向學院遞交報名申請。報讀東華學院的學生成績須要至少達到二本線，另外英語成績需要達 100 分以上。東華學院提供 8 個本科學士學位課程供內地學生報讀。

香港高等教育科技學院

香港高等教育科技學院（THei）是香港職業訓練局（VTC）屬下的專上院校，於 2012 年成立並提供自資學士學位課程。主校舍及附屬校園分別位於柴灣和青衣。

香港高等教育科技學院沒有參加內地統招計劃，有意報考的同學須直接向學院遞交報名申請。報讀的學生成績須至少達到二本線（或本科線）或同等成績，及高考英語單科達到 100 分（以滿分 150 分計算）或以上。提供超過 20 個本科學士學位供內地學生報讀。

升讀香港的大學的方法分為大學聯合招生辦法（Joint University Programmes Admissions System "JUPAS"）和非大學聯招辦法（Non-Jupas）。由於非本地申請人必需透過 Non-Jupas 才可申請就讀香港的院校，本書將着重描述後者部分（Non-Jupas）。

如經 Non-Jupas 的方法申請入學，由於香港所有院校在招收學生方面有高度的自主權，因此不同院校、課程在招生方面會有不同的要求。校方主要根據申請人各方面的表現（如學術和其他非學術成就）作出甄選。部分院校會邀請申請人參加面試，其表現也會成為甄選時的參考因素。

考獲一本線的同學如計劃來港升讀大學，他們的選擇比較多，基本上除了聖方濟各大學，其餘 11 所大學都有機會予以取錄。若同學的內地高考只能考獲二本甚或三本亦不需要擔心。香港現在的升學途徑眾多，不同成績的學生都

能夠找到各自的出路。筆者認為同學可以先按自己有興趣的學科為首要考慮，某些專業資歷亦是非常受歡迎的，而二本或三本的院校亦有提供相關的認可課程：

專業資歷	提供認可課程之學院（八大除外）
註冊社工	香港專業進修學院（港專）
建築師（則師）	珠海學院
執業會計師	香港都會大學，珠海學院，香港樹仁大學
放射治療師	東華學院

由上表可見香港不同的職業範疇並不是必需考上八大才可發展其專業。只要攻讀的學士學位課程是獲得相關專業公會認可，便有資格考取相關的專業考試。

除此之外，成為專業人士並不是唯一發展事業的途徑。香港亦着重多元化學習，一些創意工業或傳媒工作也是一些很熱門的職業。例如畢業於香港理工大學時裝設計

系的 Vivienne Tam，她在畢業後便到紐約發展她的時裝事業；另一例子有被稱為「史力加之父」的許誠毅先生，他亦是香港理工大學畢業生之一，修讀平面設計系，其後去了美國的動畫工業而有很好的發展；甚或無綫電視前新聞主播張文采小姐，她畢業於珠海學院的新聞及傳理系。

受歡迎職業	提供有關課程之學院（八大除外）
電影／電視工業	香港演藝學院
設計	香港高等教育科技學院
新聞及傳媒	香港珠海學院、香港樹仁大學

歸納以上的資訊，筆者認為成績並非唯一的升學條件。有意在香港升讀大學的同學，應先向相關院校提交入學申請。香港只有香港中文大學，香港城市大學和珠海學院參加國內的高校統招，其餘需按照各所大學的入學申請程序遞交申請。在遞交申請前亦建議先了解相關院校的成績要求和招生方法在截止報名前遞交申請。如獲得心儀院校錄取，便可透過該校向香港入境事務處申請學生簽證。以下便是申請來港入學的必經程序：

申請來港入學的必經程序

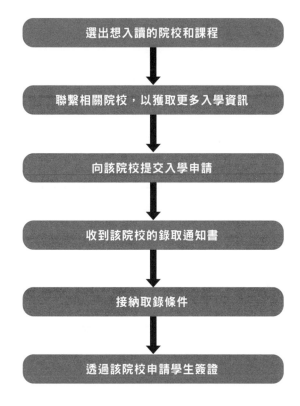

選出想入讀的院校和課程

↓

聯繫相關院校，以獲取更多入學資訊

↓

向該院校提交入學申請

↓

收到該院校的錄取通知書

↓

接納取錄條件

↓

透過該院校申請學生簽證

此外，在攻讀學士的 4 年間，如學生在港連續居住並沒有離港，其學生簽證亦計算在申請香港永久性居民身份證連續居留滿 7 年的條件內。換句話說學生在大學的本科學士

畢業後，便可接續申請 IANG 的簽證；以此簽證連續留港工作 3 年或以上，便滿足申請成為香港永久性居民的條件。

另外有一點補充：香港政府自 2022 年 12 月 28 日起開始接受《高端人才通行證計劃》的申請。合資格的申請人分為 3 類：

一、在緊接申請前的一年，全年的收入達港幣 250 萬元；

二、從合資格的大學[4]取得學士學位，並在緊接申請前的 5 年內累積至少 3 年工作經驗；及

三、從合資格的大學取得學士學位，且不是從香港全日制經本地評審課程取得的及工作經驗少於 3 年。

全香港共 12 所大學中，有 5 所大學便是全球排名 100 以內的合資格大學，此 5 所大學的畢業生均符合高端人才通行證計劃中的 B 類申請人資格。環顧世界各地，共有 5 所全球排名 100 以內的大學位於同一城市內是非常罕見，可見香港的高等教育於國際上有相當高的認受性，其畢業生在國際社會上亦具相當的競爭力。對於內地的學生來説報讀香港的大學或許更具優勢。

註 4：合資格大學名單參見入境事務處網站：https://www.immd.gov.hk/pdf/aggregate_list.pdf

香港院校的 IANG 碩士課程申請攻略

據內媒《澎湃新聞》報道，2023 屆全國普通高校畢業生規模預計達 1,158 萬人，其中考研人數為 474 萬，當中申請香港碩士課程是一個熱門的選擇，究其原因如下：

香港碩士的好處

▶ 免試入學

在香港修讀碩士一般只需通過遞交申請材料及面試，經評核條件優秀者即可獲取錄，不需要考入學試。

▶ 時間快

香港大部分修課式碩士是一年全日制，相對國內 2~3 年的學制，更快獲得學術資歷。

▶ 可留港就業

非本地應屆畢業（IANG）全日制碩士生如有意申請留港工作，毋須在提出申請前已覓得工作。他們只須符合一般的入境規定，便可留港 24 個月，而不受其他逗留條件限制。其後在港獲得聘用，可申請延長逗留期限。

▶ 國際認可

香港課程設計與國際接軌，全英文授課，香港高校的碩士學位獲得很多國家教育機構的高度認可，在港碩士畢業後，可以選擇到海外繼續攻讀博士學位。

香港碩士的種類

▶ 修課式碩士

修課式碩士的學習模式基本上和一般的學士課程相似，修讀指定的課程為主，完成每個科目的要求就能畢業。例如出席課堂、完成習作、匯報、分組項目等作業，以及通過中期及期終考試。

修課式碩士的課程亦通常比學士密集，在香港若以全日制方式修讀修課式碩士，通常在一年內就會完成。若以兼讀方式修讀，通常亦只需兩年就能完成。

▶ 研究式碩士

研究式碩士着重學術研究，修讀學生需要在課程內進行並完成特定課題的研究。學生需要在主要導師和副導師

的指導下進行獨立研究，並同時完成課堂學習。而研究式碩士的課程需時，一般而言亦會比修課式碩士長，預計通常要兩年時間才能完成。

（按：若計劃修畢碩士後留港工作，需修讀全日制課程。）

香港院校收生錄取重點

▶ 畢業院校背景

入讀碩士基本要求為持有學士或同等學位。對於 985 或 211 大學背景的學生申請香港三大：香港大學、香港中文大學和香港科技大學會有優勢，但非 985 或非 211 大學的學生也不用太過擔心，只要條件優秀，也有可能被錄取。

▶ GPA

由於碩士沒有入學考試，所以院校都是使用 GPA 來判斷學生的學業水準。如果你想申請香港前「三大」或者熱門專業，GPA 必須有足夠的優勢。

▶ 語言成績

需要 TOEFL 80 分以上或 IELTS 6.0-6.5 分以上；部分院校認可六級成績以及大學平均分 85 分以上。

▶ 實習經歷

專業相關的實習經歷是申請的加分要點。如商科、傳媒、社科等就業導向類的專業，更看重學生的實習經歷。

▶ 活動經歷

參加專業相關活動或一些志願者的活動，經歷愈豐富愈能吸引院校的目光。

▶ 獲獎情況

獲獎能從側面反映學生的學習成績和個人能力。一些比賽的獲獎或獎學金獲獎經驗也有助入學申請。

▶ 海外交流經歷

如果學生有海外交流經驗，他也會在申請中獲得加分。交流可以是學校之間的交流或海外學習之旅。

▶ 論文發表及科研經歷

論文的發表和科研經歷在申請時非常重要，特別是對於申請理工專業的學生來說，有科研經歷會比沒有科研經歷容易入學很多。

以下簡介提供修課式碩士課程的院校，
其招生專業及基本要求：

▶ **香港大學**

招生專業類別：建築、藝術、醫學、教育、工程、法
律、理學、社會科學和商業管理等。

獲得認可機構的學士學位或同等資格；

英語要求：申請人所持之學位如非以英語作為全部學科
之授課語言，須符合以下其中一項英語測試的要求：

TOEFL 托福	紙筆考試 550 分或以上 電腦考試 213 分或以上 網絡考試 80 分或以上
IELTS 雅思	總分 6 分或以上， 及單項測驗不低於 5.5 分
GCE 普通教育文憑	C 級或以上
IGCSE 國際中學教育普通證書	C 級或以上
Cambridge English 劍橋英語語言能力考試	C 級或以上

▶ 香港中文大學

招生專業類別：藝術、商業管理、教育、工程、法律、醫學、科學和社會科學等。

持有二級或以上榮譽學位學士；

英語要求：申請人所持之學位如非以英語作為全部學科之授課語言，須符合以下其中一項英語測試的要求：

TOEFL 托福	紙筆考試 550 分或以上 網絡考試 79 分或以上
IELTS 雅思	總分 6.5 分或以上
GMAT	Band 21（Verbal）
GMAT Focus Edition	Band 78（Verbal）

▶ 香港科技大學

招生專業類別：科學、工程、商業管理和人文社會科學等。

獲得認可機構的學士學位或同等資格；

英語要求：英語並非申請人母語或申請人所持之學位如非以英語作為全部學科之授課語言，須符合以下其中一項英語測試的要求：

| TOEFL
托福 | 紙筆考試 550 分或以上
網絡考試 80 分或以上 |
| IELTS
雅思 | 總分 6 分或以上，及單項測驗不低於 5.5 分 |

（僅指單次嘗試的分數。不接受在家測試模式成績。）

▶ 香港城市大學

招生專業類別：法律、商業管理、工程、科學、文科和社會科學、獸醫學和生命科學、創意媒體、數據科學及能源與環境等。

獲得認可機構的學士學位或同等資格；

英語要求：申請人所持之學位如非以英語作為全部學科之授課語言，須符合以下其中一項英語測試的要求：

TOEFL 托福	網絡考試 79 分或以上
IELTS 雅思	總分 6.5 分或以上
全國大學英語六級考試	450
其他同等資格	

▶ 香港理工大學

招生專業類別：商業管理、工程、酒店及旅遊管理、建築與環境、健康與社會科學、文學、科學、設計和時裝及紡織品等。

獲得認可機構的學士學位或同等資格；

英語要求：英語並非申請人母語或申請人所持之學位如非以英語作為全部學科之授課語言，須符合以下其中一項英語測試的要求：

TOEFL 托福	網絡考試 80 分或以上
IELTS 雅思	總分 6.0 分或以上

（不接受 TOEFL iBT Home Edition、IELTS Online 及 IELTS Indicator 成績。）

▶ 香港浸會大學

招生專業類別：藝術、科學、商業管理、社會科學、中醫、創意藝術、傳訊等。

獲得認可機構的學士學位；

英語要求：申請人所持之學位如非以英語作為全部學科之授課語言，須符合以下其中一項英語測試的要求：

TOEFL 托福	網絡考試 79 分或以上
IELTS 雅思	總分 6.5 分或以上

（不接受 TOEFL iBT Home Edition 及 IELTS Indicator 成績。）

▶ 嶺南大學

招生專業類別：文學、商業管理、社會科學、環境科學等。

持有有關的一級或二級榮譽學士學位，或該校認可之相等學歷；或取得同等資格；或提供學術及專業成就證明。

英語要求：申請人所持之學位如非以英語作為全部學科之授課語言，須符合以下其中一項英語測試的要求：

TOEFL 托福	紙筆考試 550 分或以上 網絡考試 79 分或以上
IELTS 雅思	總分 6.5 分或以上

（或在其他認可的英語水準測試中考獲
同等分數，或持有本校認可之同等語文資歷。）

▶ 香港教育大學

招生專業類別：教育。

獲得認可機構的學士學位或同等資格；

英語要求：申請人所持之學位如非以英語作為全部學科之授課語言，須符合以下其中一項英語測試的要求：

TOEFL 托福	網絡考試 80 分或以上
IELTS 雅思	總分 6.0 分或以上
全國大學英語六級考試	430
其他同等資格	

▶ 香港都會大學

招生專業類別：人文社會科學、商業管理、教育及語文、護理及健康和科技等。

獲得認可機構的學士學位或同等資格；

英語要求：申請人所持之學位如非以英語作為全部學科之授課語言，須符合以下其中一項英語測試的要求：

TOEFL 托福	紙筆考試 550 分或以上 網絡考試 79 分或以上
IELTS 雅思	總分 6.0 分或以上
全國大學英語六級考試	430
其他同等資格	

▶ 香港樹仁大學

招生專業類別：科學和人文社會科學等。

持有有關的一級或二級榮譽學士學位；

英語要求：申請人所持之學位如非以英語作為全部學科
之授課語言，須符合以下其中一項英語測試的要求：

TOEFL 托福	紙筆考試 550 分或以上 網絡考試 79 分或以上
IELTS 雅思	總分 6.0 分或以上
其他同等資格	

▶ 香港恒生大學

招生專業類別：保險理學、商業管理、文學、傳播、戲劇等。

獲得認可機構的學士學位或同等資格；

英語要求：申請人所持之學位如非以英語作為全部學科之授課語言，須符合以下其中一項英語測試的要求：

TOEFL 托福	紙筆考試 550 分或以上 網絡考試 79 分或以上
IELTS 雅思	總分 6.0 分或以上
全國大學英語六級考試	430
其他同等資格	

▶ 香港珠海學院

招生專業類別：文學與社會科、商學和理工等。

獲得認可機構的學士學位或同等資格；

英語要求：申請人所持之學位如非以英語作為全部學科之授課語言，須符合以下其中一項英語測試的要求：

TOEFL 托福	紙筆考試 550 分或以上 網絡考試 79 分或以上
IELTS 雅思	總分 6.0 分或以上
全國大學英語六級考試	430
其他同等資格	

▶ 香港演藝學院

招生專業類別：藝術、舞蹈、音樂和電影等。

獲得認可機構的學士學位或同等資格；

英語要求：申請人所持之學位如非以英語作為全部學科之授課語言，須符合以下其中一項英語測試的要求：

TOEFL 托福	網絡考試 59 分或以上
IELTS 雅思	總分 5.5 分或以上

以上是各院校的基本入學要求，不同專業的要求有所不同，具體要求請向各院校查詢。

入學攻略

▶ 留意不同時間點

根據各院校專業不同，一般 9 月份開始申請，次年 1 月初截止申請。部分課程的首輪申請更早在 10 月至 11 月已截止，但也有些課程在次年 6 月初才會截止。

部分課程申請需要進面試，需**及早安排來港簽證**。

▶ 英語要求

前文提及的英語分數只是各院校的基本要求，不同專業（特別是文科相關的）要求會更高。另外也要留意英語考試成績的有效期，一般要求 IELTS 或 TOEFL 的成績是提交申請表前兩年內發出的。部分學院更會要求申請人必須與教育測驗服務中心（ETS）安排將 TOEFL 成績直接發送給學院。

值得留意是一些中文授課的課程，如中國語言文學碩士，英文要求則會有所放寬。

居港升學一本通

▶ 專業銜接或轉換

本港部分認可的碩士課程，學生在修畢課程後可以直接獲取專業資格或可豁免部分專業考試的科目。其中部分課程更會開放招收非同一專業背景的本科畢業生，提供了機會給本科畢業生透過進修取得專業資格，從而轉換跑道在另一行業發展。

下列提及的課程只作説明參考之用，並非唯一課程，讀者請根據自身情況報讀適合自己專業發展的相應課程。

護士

中文大學的護理科學碩士（註冊前）Master of Nursing Science（Pre-registration）（全日制：3 年）為有志成為註冊護士的本科畢業生而設。課程旨在教導學生從多角度學習護理之藝術與科學，提升其臨床決策、批判性思考及解決問題的能力。學生修畢課程後，將可取得香港護士管理局註冊護士（普通科）的專業資格。

社工

浸會大學的社會工作社會科學碩士（MSocSc in Social

Work）（全日制：2 年）為已持有學士學位、希望成為香港註冊社工的人士而設。課程旨在培養學生在社會工作方面的專業技能，成為善於批判、深思熟慮、具全面發展的社會工作專業型人才，幫助他們應對不斷變化的社會對社會工作的挑戰。課程也使學生的學術和專業資歷達到香港社工註冊局所認可的社會工作專業水準。

認證輔導員

教育大學的教育輔導文學碩士（Master of Arts in Educational Counselling）（全日制：1 年）的畢業生具資格申請成為香港專業輔導協會（HKPCA）會員，畢業後可繼續累積經驗再申請成為 HKPCA 的認證輔導員。

會計師

成為香港會計師需通過香港會計師公會的新專業資格課程評核（New QP）。城市大學的文學碩士（國際會計學）（MA International Accounting）（全日制：1 年）為香港會計師公會認可課程之一。畢業生修畢相對應科目後最多可獲全數豁免基礎級別（10 個單元），只需再考取專業級別（4 個單元）和最高級別的終期考試即可完成新專業資格課程。累積相關的工作經驗後就可以申請成為香港會計師。

4.5 IANG 個案分析及點評

個案一

Donna 於 2007 年 6 月在中國政法大學的法律學士本科畢業。同年 9 月自費到香港修讀香港城市大學中國及比較法法律碩士課程。

當時這課程是一年制的修課式碩士課程,並分為中文及英文班。她共需修讀 12 科,基本上全部挑選以英語修讀中國法律課程(因為部分中國的民法及刑法理論已在本科以中文修讀過),另外國際或比較法課程當然用英文修讀會比較方便。

來到香港的大學讀書,轉為以英語學習及提交習作是一大挑戰,但這亦給予 Donna 很好的鍛煉;在往後的工作可以用英語向外資或者其他外國公司書寫法律意見書;事實上 2010 年前後有很多內地的企業要拓展外國市場,例如到東南亞及非洲投資,是以英語比較熟練的 Donna,得到很多機會作為聯繫人,應對外國的律師。

Chapter 4

她在 2008 年 6 月已經修畢整個課程，並獲得了中國及比較法律碩士的學位。當時大部分的同屆內地同學都沒有留港的打算，她也沒有在香港繼續工作，而是返回北京尋找工作及在 2008 年 10 月通過中國統一的司法考試（即中國律師考試），並且其後在一家北京的法律事務所作實習律師（處理內地相關的商業投資事務）。Donna 一直工作至今並成為事務所的合夥人。

今年 Donna 41 歲及已在北京組織家庭，並有一個 6 歲的兒子。

她也注意到近年香港推出多種人才政策，吸引人才留港，Donna 亦都考慮通過香港優才政策來港，但因為她年齡已超過 40 歲（分數會減少），目前正在觀望，看看有沒有機會再在香港工作及令孩子可以在香港接受教育。

回望過去，Donna 覺得那一年在香港的學習十分值得，另外在香港用英語修讀法律課程，亦令她往後在工作上能夠流暢地運用英語去面對外國的客戶。而且香港距離不遠，修讀一年課程的最後成本都可承擔。

▶ 筆者的意見及點評

雖然 Donna 在香港只是修讀短短一年的法律碩士課程，但這個課程對於她往後的發展有很大的作用，包括她可以純熟地運用英語去表達及書寫法律意見書，以應對外國的客戶、分析來華投資的項目，以及作為協助民營企業對外投資的聯繫人。

當年 Donna 沒有通過非本地畢業生留港政策（IANG）在香港找工作及居留，但因為她是在香港的認可大學修讀學士或以上的課程，她仍然可以通過這個政策的「非應屆畢業生」而申請留港工作（而且非本地畢業生留港政策是沒有時間限制的），只要 Donna 能在香港找到一份全職工作，就可以通過這計劃讓她的配偶及 18 歲以下的兒子都可以停留在香港工作及讀書。

因 Donna 在香港修讀認可的碩士課程，她不用再考慮其他香港的優才方案（而且那些方案需要計分及受年齡限制）。

Andy 是通過 2014 年內地高考成績入讀香港浸會大學的會計及金融學系，並主修會計專業。

他畢業於山東的重點中學，成績不錯的他原本可以進入內地一本的學校，但最後他仍以自費生的身份報考並入讀香港浸會大學的會計學系，最主要是希望想在香港這個金融中心學習更多金融知識及加強英語的訓練。

Andy 在第一個學期需要適應使用英語學習，但不用多久他就已經習慣了用英語學習所有科目。

Andy 在浸大二年級及三年級的暑假都到一所會計師事務所實習，因為以往從未試過，這經驗對他來說很新奇，另一方面也可以學以致用。事務所亦都給予他機會去學習會計、審計及公司秘書各樣事務。他還記得當時事務所正跟一位大壯（大律師）合作一個訴訟的法證會計（Forensic Accounting）個案，事務所經理委派他去查核國際貿易交易的案例──這使 Andy 更加喜愛修讀

會計科目，因會計除了單單是計算入帳外，還可以應用到交易上的每個範疇。

他另一個得着是因為同事都跟他說粵語，所以在實習這數個月裏他的粵語進步神速。

他在 2018 年畢業，並因有兩年的暑期實習經驗，使他輕易地進入一個四大的會計師事務所做審計工作。

他已畢業 6 年，並考取了香港會計師資格，現時仍然在四大會計師事務所擔任審計工作。

因為 Andy 已經習慣了香港生活節奏及工作環境，亦在這裏發展自己的事業，所以 Andy 傾向會仍然留在香港打拼。

回望過去，他覺得他的選擇是正確；在香港修讀大學及在這裏考取到他的專業，並且能大大擴闊自己的眼界及熟習英語的使用。

▶ 筆者的意見及點評

Andy 本可在內地上一本的大學，但是他決定來香港自費修讀會計學位課程，這開拓他另一個人生發展：包括考取了國際認可的香港會計師資歷及進入香港三「師」專業範疇（三師即律師、會計師和工程師）。

同時因為他善用暑期學習，到會計師事務所作實習，預先適應香港的工作環境，這豐富的實習經驗提供了良好基礎，讓他其後能進入四大會計師事務所。

他好學主動，在暑期實習期間，主管都願意讓他嘗試一些更高技巧的法証會計（Forensic Accounting）項目。並且在暑期期間，他認識其他學院同學，並以粵語深入溝通，令到他更加容易融入香港本土的社會。

（按：所以若要融入香港社會的專業界別，除了專業學科學識外，亦需要勤力及主動！）

4.6 中游學生升學選擇的投入及產出分析

一個學生的升學抉擇會影響他的一生，我們假設有一位 2024 年內地高考成績處於中游位置的學生（他進不了內地的一本大學），他可以有以下的選擇：

a. 入讀內地民辦二本大學；

b. 入讀學費較廉宜的公辦大專；

c. 申報香港兩年制的副學位（職專教育 VPAS，見本書第三章說明），總體的讀書費用跟修讀民辦二本大學的費用差不多；

d. 家庭財政資源許可下，報讀香港八大以外的本科學位課程（見本章前述章節）；

e. 先入讀年內地民辦二本大學，期間考取好成績後，第五年報讀香港一年制修課式碩士課程。

我們綜合計算由 2024 年 9 月開始至 2031 年，這學生在 7 年之間升學的支出及畢業後的收入。*（按：金錢的時間值〔Time value of money〕並沒有在這個分析內考慮。）*

說明：有關在香港的學費、宿費及畢業工資等，參考第三章及第四章中已闡述的金額；而內地的民辦二本、公辦大專的學費、宿費及畢業工資等則參考最新的網上調查。

得出的綜合結果如下：

❶ 若選擇在香港修讀副學位課程（職專教育 VPAS），投入產出合計現金流有港幣 **123 萬多**（即性價比最高），是各項選擇中最多的，這選擇的缺點是 VPAS 只是副學位程度，學生在這七年內不能考取本科；但這選擇的優勢是這學生到 2031 年在香港已逗留七年（其中兩年讀書及五年工作），可以申請香港永久居留身份證；當然在取得香港永居後可以兼讀形式進修本科課程。

❷ 第二投入產出金額多的選擇：是學生在香港修讀四年八大以外的本科課程，然後在香港工作；產生的

綜合現金流有港幣 **74 萬多**。這個選擇的另一優勢是在 2031 年到香港已逗留七年（讀書四年及工作三年），可取得香港永居。

❸ 第三選擇是這學生在內地先修讀四年民辦二本（成本較在香港修讀本科便宜），但要取得好成績後再到香港修讀一年制修課式碩士課程；投入產出的綜合現金流為港幣 **71 萬**。

當然以上的投入及產出模型（Input and Output Analysis）是基於不同的假設及中游學生的個人喜好、家庭的資源而有不同選擇。

中游成績學生升學選擇的投入及產出分析
(2024 至 2031 年支出及工作的收入)

		民辦二本	公辦大專	香港 VPAS	香港本科	香港碩士
Yr. 7	2031	$97,406	$73,055	$250,894	$368,962	$368,962
Yr. 6	2030	$94,569	$70,927	$243,587	$358,216	$358,216
Yr. 5	2029	$91,815	$68,861	$236,492	$347,782	$347,782
Yr. 4	2028	$89,140	$66,855	$229,604	$337,653	($202,592)
Yr. 3	2027	($42,070)	$64,908	$222,916	($174,836)	($42,070)
Yr. 2	2026	($40,845)	($7,002)	$216,424	($169,744)	($40,845)
Yr. 1	2025	($39,655)	($6,798)	($82,400)	($164,800)	($39,655)
Yr. 0	2024	($38,500)	($6,600)	($80,000)	($160,000)	($38,500)
2024 至 2031 年的合計現金流		$211,860	$324,205	$1,237,517	$743,232	$711,299
修讀地點		PRC	PRC	HK	HK	4PRC＋1HK
修讀年期		4 年	3 年	2 年	4 年	4+1 年
工作地點		PRC	PRC	HK	HK	HK
工作年期		3 年	4 年	5 年	3 年	2 年
假設 2024 學費		$33,000	$5,500	$60,000	$130,000	$150,000
假設 2024 宿費		$5,500	$1,100	$20,000	$30,000	$30,000
假設 2024 學費及宿費		$38,500	$6,600	$80,000	$160,000	$180,000
假設 2024 年工資水平						
人民幣		$72,000	$54,000			
等值港幣		$79,200	$59,400	$204,000	$300,000	$300,000

假設學費每年的增幅率為 3% / 假設工資每年的增幅率為 3%　　103%

假設人民幣兌港幣的兑換率為 1.1　　110%

若 2024 年修讀香港 VPAS 課程或香港本科課程，到 2031 年已留港七年，可取得香港的永久居民身份證。

第五章

三「師」會審

討論成為專業
人士的要求

工程師、會計師及大律師對談

香港是一個商業城市，從事商業及工程業務的專業人士
比較多，其中包括會計師（數目超過 47,000 人）、工程
師（數目超過 30,000 人）、律師（數目超過 11,000 人）
及大律師（數目超過 1,600 人）。這一章請來會計、工
程及法律這三個界別的專業人士，**討論學生如何成為專
業人士的要求。**

小組討論的目的是帶出學生（和其他人士）成為這些香
港熱門專業人士的途徑；受訪者亦會提及個別行業人士
的特質和要求。

本小組討論成員有四位：主持人為任職於會計師事務所
的審計經理楊承峰先生（楊）。三位受訪者分別為工程
界的鄭家成資深工程師（鄭），法律界的伍國賢大律師
（伍）及會計界的周永勝資深會計師（周）。

楊：你們認為這「三師」專業人士有甚麼的要求及特質？

鄭：成為專業人士的詳細資料，其實大家可以在有關專
業學會網址查到資訊。反而我認為無論做哪一個行業的

專業人士，首先應該由個人的興趣出發。如果對於這個行業沒有興趣，那麼不會做得長久。

在正式進入這行業之前，先要了解及認知這行業，例如可以跟這行業的「老行尊」多作交流，或者做暑期工（Intern）了解行業的操作。

所有行業都有共通點，就是需要有知識及智慧（Wisdom）去處理方方面面的問題。

周：以我們會計行業為例，雖然會計師以處理數字為主，但兩文三語都很重要，尤其當晉升到較高級的職位時是需要處理及編寫很多文字報告的。另外是 Dual professionalism（兩項專業）的要求，會計以外，再學習另一專業，對發展自己的事業會很有幫助。除了以上的技術知識，個人的 soft skills，譬如溝通能力及領導技巧都很重要。

伍：就有關律師及大律師的要求，個人認為在工作方面要有邏輯性，要按規章做事，要有公義的心；如果無視

法規、無視公義，工作若干年後，有機會覺得格格不入，或者，覺得自己不宜從事法律工作。另外，專業方面，要求比較好的英文及中文水平，特別是英文，因為現時香港的法庭，特別是高等法院或以上的法庭用語，是以英文為主。

楊：你們在大學或大專修讀的學科，跟考取的專業是否相關聯？

伍：律師及大律師在大學修習的科目，於實務上當然有直接關聯，律師及大律師日常遇到的案件，例如民事案件，多涉及商業合約糾紛、公司股東爭議、房地產爭議、離婚訴訟、房產轉讓及遺產繼承等等；刑事案件中，多涉及盜竊、交通違法行為等等，這些正正就是大學法律學士學位的課程內容。

周：我在大學是修讀工商管理的，只在大學一年級修讀過基礎會計學；但工商管理學科給予我很好的基礎去考取會計師資歷。我畢業後首年在會計師事務所工作，後再轉到銀行做信貸分析，雖然不是做財務會計的工作，但都跟會計學中的財務分析（Financial Analysis）很匹配。

居港升學一條通

楊：你們對於內地學生來港讀書後，考取香港的專業資格（例如「三師」資格）有甚麼建議？

鄭：我認為作為一位專業人士的共有特質：都是需要有熱誠、對自己行業要有深入的認知、對工作要投入（對待工作，好像是為對待自己的事務一樣）；而最重要的兩點是個人要有責任感及勤奮。例如我聘用職員：一位聰明但工作不是太上心，另一位稍為平庸但有責任感、有承擔及勤奮、做事將勤補拙，我都會招聘後者。或者總結一句，做人做事要有真誠之心。

周：所謂「條條大路通羅馬」，因為就算大學畢業以後，仍然必須繼續進修考試，才可考獲會計師的資歷。所以在會計行業能考取到會計師資歷是最重要，就算成績不是太好，未能進入香港最頂端的三間大學，只要有恆心及興趣，就算讀其他大學或者成績只能夠進入香港的大專院校（高級文憑或副學士）修讀會計或其他學科，畢業後都有機會考取到香港的會計師資歷。

現時要成為香港會計師（HKICPA），需要通過香港會

計師公會的執業考試（new QP）。最新的執業考試共有 15 張試卷（papers），分為三個級別程度（Level）。

這個考試體現「條條大路通羅馬」的情況，因為第一個基礎級（Associate Level）只需持有香港資歷架構第四級別（即高級文憑或副學士畢業程度），不論修讀甚麼學科都可報考，當然如果大學是修讀會計專業（視乎修讀的科目），可以在此基礎級別內最多得到全數 10 張試卷的豁免；或副學位級別最多可豁免 5 張試卷。

完成第一階段後，第二階段的專業試（Professional level）共有 4 張筆試及工作坊（workshops）。

在完成第二階段後再考取第三階段的綜合考試（Capstone）；再加相關的三年工作經驗，便可成為香港會計師（HKICPA）。

至於申請香港會計師公會的執業證書（執業會計師 Practising CPA），申請人士須擁有不少於四年全職認可會計工作經驗，其中最少一年審計經驗必須是於公會註冊成為會計師後取得。

其實修讀會計學專業，並不是單單學習會計／簿記此一科目，當然財務會計及成本／管理會計是必修科目，但除此以外亦會涉獵：稅法、商業經濟、商業管理、資訊管理、審計學、財務管理學、商業及公司法以及商業決策等科目（所以修讀會計的語文能力亦都很高要求）。

因為會計師執業的考試課程涉獵不同的科目，故成為香港專業會計師後亦可以擔任不同的崗位：除了在會計師事務所不同的專業部門擔任審計師、稅務師或法證會計師外，大部分會計師會在商業機構出任不同的職位，例如財務會計部經理／財務總監、內部審計師、成本及管理會計師等職務。其實很多香港大型上市公司的CEO，都是由CFO（財務總監）晉升的（例如現時港鐵的 CEO 及領匯的 CEO，他們都是香港的會計師，並由 CFO 職位晉升的）。

工資及待遇方面，根據香港會計師公會的就業調查及 2022 年 12 月的報道，57% 的香港會計師公會會員的年薪為港幣 600,000 元；而香港政府招募的庫務會計師入職工資月薪港幣 68,000 元（入職條件是考獲香港會計師公會資歷後有一年工作經驗）。

除了學科知識外，個人操守（Professional Ethics）亦很重要，我們會遇到一些比較灰色地帶的案件或者項目，若過不到自己關口的，都不會接辦。

伍：有兩類感興趣人士可留意：中學生和打算轉行的人士。首先，如果現時在香港就讀高中，兩三年後就報考DSE中學文憑畢業試的，可以在DSE成績單發出後報讀港大、中大或城大的法律學士學位課程，然後再繼續修讀全職一年制法律深造文憑（PCLL）。讀畢法律深造文憑之後，打算成為律師的，要在律師樓實習兩年。打算執業大律師的，要跟「師傅」實習一年（即當學徒）。實習期間所遇見的案件，上法庭的程序等等對將來作為律師或大律師都是很重要的經驗。新晉律師大多數在律師樓當受薪律師，而新晉大律師就是自行執業，是獨立的自僱人士。

香港法律界人士分為律師及大律師。要注意律師和大律師的區別，律師負責準備各種法庭檔案，而大律師則專門代表客戶在法庭上辯護。客戶不能直接聘請大律師。只有律師才能聘請大律師，客戶只能通過律師轉聘大律師。大律師內又有晉升為資深大律師的，要當上資深大律師的都有十多二十年經驗。

律師跟大律師的工作範圍，實際上又有細分。有律師及大律師日常多處理刑事案件，或民事案件，例如，土地紛爭案件、公司上市及融資、交通意外賠償申索、離婚、稅務等等。[1]

現時香港律師及大律師可以考取大灣區律師執照，之後，就可以處理大灣區內 9 個城市的民事案件，唯不得處理刑事案件。

如果擁有大學非法律學位，又打算轉行的人士，可以報讀上述三間大學舉辦的 JD（Juris Doctor）法律博士學位課程，完成後，報讀法律深造文憑（PCLL）。

如果擁有內地大學學位，可以報讀香港的碩士學位課程，完成後，報讀 JD 法律博士學位課程；完成後，再報讀法律深造文憑課程（PCLL）。

如果讀者擁有非本地大學學位又打算在香港當律師或大律師，要注意兩點：

註 1：在香港做訴訟律師（Barrister，香港稱為「大律師」）或事務律師（Solicitor，香港一般簡稱為「律師」），其實兩者沒有大小之分，地位是均等的；他們所修讀的學位及證書是一樣的，只是畢業生對於自己職業興趣及選擇路向不同而有異；而要成為大律師，亦不需要先成為事務律師。

一、香港大學學士學位有榮譽等級，即是一級榮譽、二級榮譽、三級榮譽等等，二級榮譽之中，又分一等及二等。

二、由於歷年香港有不少年青人想當律師或大律師，法律深造文憑課程正是行業的把關者。多年來，一般接納報讀 PCLL 的最低要求是二級榮譽二等，即法律學士學位 two two 水準。所以，如果擁有內地大學學位的讀者打算報讀以上三間大學的法律學位課程，就要留意這一實際情況。

如果讀者擁有內地律師資格的，可以參加海外律師資格考試（overseas lawyers qualification examination），合格之後，符合其他條件，可以在香港執業。不過，這個考試的合格率甚低，我個人不建議從這途徑考取香港律師或大律師資格。

另外，律師及大律師在實習期間享有薪金。律師的實習期為兩年。如果在香港的國際律師樓當實習律師，月薪起點由數萬元起，不過，每年接納人數不多。至於在其他律師樓的就不盡相同，實習律師月薪通常過萬或稍多，受市場決定。另一方面，當實習大律師的，在一年「實習期」中，實為當學徒，月薪不外數千元，就當車馬費罷了。

楊：總結訪問三位，我們得出給予內地學生成為香港專業人士的一些錦囊：

一、對行業要有興趣。

二、高考成績優異並能進入到最好的大學及相關專科是錦上添花，但成績稍遜的，只要對某一行業及專業有熱誠及興趣，可進入一般的大學甚至大專（即香港的高級文憑或副學士），然後畢業後再進修資格考試。例如這次訪問中的伍大狀及周會計師兩位，都是中間轉道，畢業後繼續進修而考取現時專業資格。

三、成為「師」級專業人士都要有責任心及遵守專業操守。

謝謝大家接受訪問。

❶ 考取「三師」資格及概況

香港律師公會對於考取及成為香港執業律師的資格及過程要求可參閱以下網址：https://www.hklawsoc.org.hk/（或掃描右方二維碼）	
香港大律師公會對於成為大律師的資格及過程要求可參閱以下網址：https://www.hkba.org/（或掃描右方二維碼）	
香港會計師公會對於考取及成為香港會計師的資格及過程要求可參閱以下網址：https://www.hkicpa.org.hk/（或掃描右方二維碼） 及 https://www.hkicpa.org.hk/（或掃描右方二維碼）	
香港工程師學會對於考取及成為香港工程師的資格及過程要求可參閱以下網址：https://www.hkie.org.hk/（或掃描右方二維碼）	

香港會計師公會擁有超過 47,000 名會員和超過 13,000 名註冊學生。見「香港會計師公會」網站：https://www.hkicpa.org.hk/（或掃描右方二維碼）	
香港工程師學會會員人數遠遠超過 30,000 人，見「香港工程師學會」網站：https://www.hkie.org.hk/（或掃描右方二維碼）	
香港律師會專業概況。持有執業證書的會員共 11,370 人，見「香港律師會」網站：https://www.hklawsoc.org.hk/（或掃描右方二維碼）	
香港共有 105 名資深大律師和 1,568 名大律師，見「香港大律師公會」網站：https://www.hkba.org/（或掃描右方二維碼）	

Chapter 5

附錄

附錄 1
內地學生參加 DSE 直通香港或海外大學的攻略

本書第三至五章主要説明內地學生怎樣通過高考成績申報香港大專、本科，以及內地本科畢業生報讀香港碩士課程的策略，亦講述畢業後通過 IANG（非本地畢業生留港計劃）及高端人才計劃留港發展。

隨着越來越多內地高考學生亦同時報考香港中學文憑試（俗稱 DSE），所以這篇附錄將説明**內地考生通過考取 DSE 之後的各種升學選擇**。現在先對比一下內地高考及 DSE 的各種優劣之處。2023 年，內地高考人數達 1,300 萬[1]，而 DSE 考生只有 5 萬[2]；換言之，高考學生面對的同場競爭對手是 DSE 的整整 260 倍。今年（2024 年）初，對於有興趣考 DSE 的內地學生迎來了個好消息：香港考試及評核局（考評局）首次接受兩所大灣區學校（分別為深圳香港培僑書院龍華信義學校和廣

註 1：https://www.ourchinastory.com/zh/6358/%E5%85%A7%E5%9C%B0%E9%AB%98%E8%80%8312291%E8%90%AC%E4%BA%BA%E5%A0%B1%E5%90%8D%E5%89%B5%E6%96%B0%E9%AB%98%20%E8%80%83%E5%A4%A7%E5%AD%B8%E6%84-%88%E4%BE%86%E6%84%88%E9%9B%A3%E4%BA%86%EF%BC%9F

註 2：https://www.hk01.com/DSE%E5%B0%88%E5%8D%80/983795/dse2024-5-08%E8%90%AC%E4%BA%BA%E5%A0%B1%E8%80%83-%E9%81%B8%E4%BF%AE%E4%B8%89%E7%A7%91%91%E8%80%80%83%E7%94%9F%E5%A2%9E%E8%BF%91%E4%B8%80%E6%80%80%E5%80%9D%E7%94%9F%E7%89%A9%E7%A7%91%E6%9C%80%E5%A4%9A%E4%BA%BA%E8%AE%80

州暨大港澳子弟學校）作為 DSE 考場。作為國際上唯一除英文科目外所有考題均能以中文作答的大學升學選拔考試，DSE 無疑成為不少大灣區學生直通香港或海外大學的首選跳板。

🔵 2019～2022 年 DSE 報考人數與高考人數對比

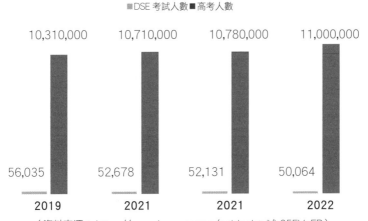

■DSE 考試人數 ■高考人數

	2019	2021	2021	2022
高考人數	10,310,000	10,710,000	10,780,000	11,000,000
DSE 考試人數	56,035	52,678	52,131	50,064

（資料來源：https://www.iaumeca.com/article-detail/b05EVoEB）

香港 DSE 的必修科目除了與高考相同的中文、英文和數學，額外還有公民與社會發展科，教育學生一國兩制下的知識（成績僅分為達標與不達標）。DSE 選修科目比高考多元化，包括化學、物理、生物、地理、資訊及

附錄

通訊科技、歷史、會計、法語、音樂、科技與生活、倫理與宗教、視覺藝術等多個科目。學生可以根據自己的興趣和強項任選 2 至 3 個選修科目。這種科目選擇的豐富度，讓學生更能向海外學校展示自己的個性以及對報考大學選修科目的興趣。值得一提的是，DSE 的成績總分是可以只計算成績最高的 5 個科目，讓學生能避開自己的弱項。

考試難度方面，對內地考生來說，雖然 DSE 的數學比高考容易，不過最難過的一關就莫過於英語考試了，難度一般約為雅思 6 分。考試分為聽、說、讀、寫四大部分，多場考試分次進行。從內容上出發，高考英語寫作和 DSE 英文寫作都會牽涉到實用目的的應用文；另一關鍵的區別是題目的語言：高考英語的寫作指引和第二部分的問題都是用中文提供的，而 DSE 英語考試（所有部分）完全使用英文。寫作答題的長度也有所不同，高考要求寫約 100 字左右，而 DSE 要求學生寫至少約 400 字。

以 DSE 成績報考香港的大學

如本書第四章 4.3 節所說，升讀香港本地大學只有兩個途徑：JUPAS 及 Non-Jupas。作為「非港籍」學生，即使參加了香港的 DSE 考試，亦不能通過聯招（JUPAS）報考香港的大學。對於內地 DSE 考生來說，儘管 DSE 考試相對容易亦更受國際認可，但當報考香港本地大學的時候卻要注意相對聯招較少的**非聯招限額**。目前，每所受大學教育資助委員會支持的大學（即香港八大）暫時僅可以為非本地學生保留約 20% 的本科學位名額[3]。在這 20% 裏面，內地 DSE 考生要與港籍 DSE 考生以外的所有其他學生競爭，包括港籍非 DSE 考生、內地高考生、IB A Level 考生等，從而會出現與香港 DSE 學生「同分不同命」的現象。

由此可見，DSE 非聯招與透過高考報考香港的大學，兩者競爭激烈程度其實相差不遠。以香港教育大學[4]為例，我們用一個真實的例子比較高考與 DSE 入大學的

註 3：https://www.thestandard.com.hk/section-news/section/11/257091/Uni-quota-for-non-locals-may-rise-to-40pc

註 4：https://www.apply.eduhk.hk/ug/mainlandjee

附錄

143

難度：高考生需總分（不含加分）達到所屬省市的一本線以上或特殊類型招生控制分數線及高考英語分數達 120 分或以上（滿分為 150 分），才能達到教育大學的最低要求；DSE 考生則需在中文、英文、數學必修部分，兩個選修科和公民科分別拿到 33222 達標 [5] 的成績。除此之外，由於大部分內地生沒有香港居留權或回鄉卡，一旦放棄高考轉讀 DSE 的話就不能再報考內地大學了。所以單純由報考香港的大學的角度來說，內地生應否放棄高考來迎戰 DSE 及以此報考香港的大學取決於：一、數學能力：因 DSE 數學科相對內地高考的會較顯淺，若數學方面較弱，也較容易取得佳績；二、英語能力：英語比較弱可能讀 DSE 會比較吃虧；三、興趣廣泛的學生能在 DSE 課程內找到更多的選擇；及四、面試技巧強的能在香港的大學非聯招中展示能力。

以 DSE 成績報考海外大學

無論是參加高考或 DSE，對海外學校來說大家都是非本地生，而以 DSE 成績報考海外大學的優勢就更加明顯了。大部分海外國家或地區統一一個系統招生，不存在

註 5：https://www.apply.eduhk.hk/ug/zh-hant/jupas

像香港聯招或非聯招的明顯差異，而且比起內地高考更認受 DSE 的考試成績。先以英國為例子，無論本土與非本土學生均透過 UCAS 系統報考大學，主要包括寫一篇約 600 多字的自我陳述，部分大學可能要求海外學生提交英語能力證明（譬如雅思、托福等），但除了牛津、劍橋和醫科生外，絕大部分學生並不需要面試[6]。

根據香港考評局，海外承認香港 DSE 考試成績的大學達 311 所，包括劍橋大學、耶魯大學、紐約大學、悉尼大學、多倫多大學、新加坡國立大學等，全球越來越多的大學接受 DSE 的成績申請，DSE 在海外的認受性無容置疑[7]。

註 6：https://www.ucas.com/undergraduate

註 7：https://sc1.hkeaa.edu.hk/TuniS/www.hkeaa.edu.hk/tc/recognition/hkdse_recognition/ircountry_hkdse.html

附錄

❶ 以下篩選 8 所「世界百強」英國上榜大學對 DSE 的基本要求：

大學	DSE 基本要求
劍橋大學（Cambridge University）	在所有核心科目中達到 5 級，並在兩個或更多相關科目中達到 5* 級。申請者通常需要在公民和社會發展科目中獲得「達標」的成績。
愛丁堡大學（The University of Edinburgh）	四個核心科目的成績達到 3 級或以上，或者三個核心科目的成績達到 3 級或以上，公民和社會發展科目需達到「達標」，另外還需要三個選修科目的成績達到 555 級。
謝菲爾德大學（The University of Sheffield）	大約 555 / 554。
杜倫大學（Durham University）	從類別 A 選修科目、核心數學和核心英語中的三個科目中獲得 544-555 的成績。
倫敦國王學院（King's College London）	以前要求四個核心科目的成績達到 4 級，現在倫敦國王學院歡迎各種不同的資格進行本科招生，包括 DSE。
華威大學（The University of Warwick）	三個選修科目中的三個科目成績達到 5 級，除中文外的其他科目不得低於 3 級。兩個選修科目的成績達到 5 級，加上兩個核心科目（不包括中文）的成績達到 5 級，除中文外的其他科目不得低於 3 級。
倫敦政治經濟學院（London School of Economics and Political Science）	大致相當於 AAA 的要求：核心科目中的中文和通識研究成績達到 3 級，英語和數學成績達到 4 級，選修科目成績達到 555。相當於 AAA/AAB 的要求：核心科目中的中文和通識研究成績達到 3 級，英語和數學成績達大學 DSE 基本要求。
倫敦大學瑪麗女王學院（Queen Mary University of London）	最低要求是至少四個科目的成績達到 4 級至 5 級。

另外 6 所「世界百強」美國上榜大學對 DSE 的基本要求：

紐約大學（New York University）	優秀的候選人在大部分科目中的成績都在 5-5** 範圍內。
俄亥俄州立大學（Ohio State University）	需有 5 個科目的成績，通常達到 4 級或更高。
亞利桑那大學（The University of Arizona）	4 級 = B 平均分，或至少 5 個學術科目的通過成績（C 或更好）。
西北大學（Northwestern University）	沒有具體的要求，但學生應該在 DSE 中取得優異成績，以成為有競爭力的候選人。
耶魯大學（Yale University）	耶魯大學採用整體綜合評估的入學過程，但有競爭力的候選人應在香港中學文憑考試中展示出優異成績。
科羅拉多州立大學（Colorado State University）	44333。

以 DSE 成績報考內地大學

考生若以 DSE 成績報考內地大學，必須持有香港永久性居民身分證，或港澳居民來往內地通行證，或港澳居民居住證。若沒有港籍，則報考 DSE 便失去了考內地大學的機會。相反，有港籍的內地生可享受三個主要途徑進軍內地大學：

1. 港澳台僑聯招試

「普通高等學校聯合招收華僑港澳台學生入學考試」，又名「港澳台僑聯招試」，參與的內地高校超過 400 間，香港學生須應考 5 科：文史類考試科目為中文、數學、英語、歷史及地理，而理工類考試科目為中文、數學、英語、物理及化學。院校會按總排名錄取考生。

2. 文憑試收生計劃

「內地高校招收香港中學文憑考試學生計劃」，又名「文憑試收生計劃」，免除香港學生參與「港澳台僑聯招試」

或參加個別內地院校舉行額外考試的需要。2024/25 學年將有 138 間內地高校參與「文憑試收生計劃」。

138 所參與大學的名單包括北京大學、清華大學、天津師範大學、復旦大學 [8] 等。報考體育、藝術類專業的「文憑試收生計劃」考生最低取錄標準為 221A（A 代表公民與社會發展科達標，即 Attained），公民科要達標，其他考生最低取錄標準為 332A，即中文及英文達第 3 級或以上，數學達第 2 級或以上。對於有港籍的內地人來說，絕對比高考體制內的競爭來得輕鬆。

3. 院校獨立招生

國家教育部批准部分大學於香港自行訂立入學考試，直接招生。

註 8：https://www.edb.gov.hk/attachment/tc/edu-system/postsecondary/policy-doc/pilot-scheme/scheme_2024/list.pdf

附錄

結論

承接第四章所提及，如果屬於「世界一百大學」的本科畢業生（香港入境處的合資格大學綜合名單其實不只100間大學），可以通過「高端人才計劃」，在香港工作及至七年後，取得香港永久居留權。本書第四章提及香港地區高校金字塔的香港首五名大學及所對應的內地 5 家大學，以及本附錄提到的幾間英美大學，均為入境處的合資格大學名單內（世界一百大學）的學校，故這些大學的本科畢業生都符合高端人才計劃的申請。

附錄 2
香港博士課程簡介

有興趣在香港修讀博士課程的人士，有四類選擇：

第一，可以到香港的 12 間院校網址查找所需資料，例如香港大學、中文大學、香港科技大學、城市大學、理工大學、浸會大學及嶺南大學等。一般而言，如果要修讀一些與科技相關及需要做實驗的學科，別無他選，只有選擇這類型的大學修讀博士學位課程。如果要修讀其他科目的博士學位課程，還有其他選擇。

第二，選擇香港 12 間院校與海外大學或內地大學提供的博士學位課程。（這些合辦的課程一般不是 I A N G 的範疇，建議讀者需要向每一間院校查核。）

第三，選擇一些海外大學或內地大學在香港提供的博士學位課程。（這些海外大學的博士學位課程一般不是 I A N G 的範疇，建議讀者需要向每一間院校查核。）

香港是一個國際城市，海外大學（多數是英國的大學）及在內地的大學亦有在香港提供博士學位課程。這類課

程受香港教育局屬下的「香港學術及職業資歷評審局」（下稱「資歷評審局」）規管。資歷評審局將海外及內地在港招收的課程分為 7 級，第 7 級為博士學位課程。根據 2024 年 4 月 30 日的資歷評審局資料顯示，海外大學（大多數為英國的大學）及內地大學提供的博士學位課程有工商管理博士、教育博士、中國文學博士、中國歷史博士、心理學博士及佛學博士等，所有在資歷評審局登記的博士學位課程在學人數不超過 200 人，當中大約有 100 人修讀工商管理博士學位課程。要留意，接受資歷評審局登記的海外大學、內地大學或教育機構在港提供的課程，必須與其在海外或內地所舉辦的課程相若，例如，如有需要，入學的英話水平最低要求必須為雅思 6.5，此外還包括修讀年期、修讀方式及完成課程審批方式等等。這類博士學位的畢業證書由海外大學或內地的大學頒發。這類課程一般是可以用兼讀方式完成。

修讀這類資歷評審局所登記的學位課程有一定的保障，因為修畢完成，學員可以將畢業證書交到資歷評審局，付出數千元的行政費後，該機構就會發出一張證書證明該畢業證書等同香港的大學發出的博士學位。

香港資歷評審局並不接受網上學位課程，所以，並無在港登記的網上學位課程。

第四，選擇一些香港私人教育機構轉介的海外大學博士學位課程。不過，這類課程並無在資歷評審局登記，報讀人士要自行判斷該課程的認受性。

最後，內地人士在港報讀博士學位課程是各有所需，各有不同背景及／或工作履歷；同一博士學位課程收費不一，以工商管理博士學位課程為例，有香港教育機構收費 198 萬人民幣，亦有收費不多於 35 萬元港幣。所以，最後決定在於個人選擇。

附錄

153

院校	QR Code
香港大學 https://www.hku.hk/c_index.html	
香港中文大學 https://www.cuhk.edu.hk/chinese/	
香港科技大學 https://hkust.edu.hk/zh-hant	
香港理工大學 https://www.polyu.edu.hk/tc/	
香港城市大學 https://www.cityu.edu.hk/zh-hk	
香港浸會大學 https://www.hkbu.edu.hk/zh_hk.html	
嶺南大學 https://www.ln.edu.hk/cht	
香港教育大學 https://www.eduhk.hk/zht/	

香港都會大學 https://www.hkmu.edu.hk/tc/	
香港樹仁大學 https://www.hksyu.edu/tc/home	
香港恒生大學 https://www.hsu.edu.hk/hk/	
香港專業進修學校 https://www.hkct.edu.hk/tc	
香港演藝學院 https://www.hkapa.edu/tch	
香港珠海學院 https://www.chuhai.edu.hk/	
東華學院 https://www.twc.edu.hk/tc/	
香港高等教育科技學院 https://www.thei.edu.hk/tc/	

在編寫本書過程之中，我們發掘了很多香港教育的「威水史」。

當然大家都知道香港有 5 間世界 top100 大學：分別為香港大學、香港中文大學、香港科技大學、香港城市大學及香港理工大學；其實除了這些綜合性大學，尚有香港浸會大學在傳播與媒體研究這分科排行全球第 51 位；香港教育大學亦在全球教育專業分科中排第 17 位。

除大學教育以外，香港在中學教育成績亦獨佔鰲頭：

根據英國升學網站 ib-schools.com 的數據，2023 年入圍全球百大成績最強 IB（國際文憑〔International Baccalaureate〕）課程學校，香港學校佔 20 間，入圍學校數目與英國的學校並列，一同稱霸 top100 排行榜。香港只是一個 750 萬人口的特別行政區城市，能夠與一個 6,500 萬人口的國家相提並論，真的為香教育工作者們感到自豪。

然而，香港的補習文化仍然很盛行，尤其高中階段，學生們為想取得佳績進入知名大學，絕大部分會上補習

班；不少中小學生也依賴補習以應付考試，此舉恐怕會窒礙青少年自我發掘知識的能力以及發揮創意。反觀內地年來已經取消術科補習班，筆者以為香港教育局及教育界可重新檢視補習社的功能——補習社可以是提供不同興趣班或活動為主，給予年青人在課餘時間一些康樂選擇，目的是要讓有自主學習能力的年青人生活在一個可以自主創新的學習環境中，同時配合上述的教育發展政策，可起相輔相承的效果。

近年大家都講到香港的定位如何？除了金融業以外，縱觀以上香港教育成績，可以說香港是亞洲區的教育樞紐。期望特區政府在教育事業方面投放更多資源，發展香港成為一個國際級的教育產業城，並且為國家培養更多的人才。

讀者如對本書有甚麼意見或想再作討論，歡迎電郵我們：gbapeoplehk@163.com。

伍國賢、周永勝會計師事務所有限公司

居港升學一本通

編著
伍國賢大律師、周永勝會計師事務所有限公司

責任編輯
梁卓倫

裝幀設計
鍾啟善

排版
陳章力

出版者
萬里機構出版有限公司
香港北角英皇道 499 號北角工業大廈 20 樓
電話：2564 7511　　傳真：2565 5539
電郵：info@wanlibk.com
網址：http://www.wanlibk.com
　　　http://www.facebook.com/wanlibk

發行者
香港聯合書刊物流有限公司
香港荃灣德士古道 220-248 號荃灣工業中心 16 樓
電話：2150 2100　　傳真：2407 3062
電郵：info@suplogistics.com.hk
網址：http://www.suplogistics.com.hk

承印者
寶華數碼印刷有限公司
香港柴灣吉勝街 45 號勝景工業大廈 4 樓 A 室

出版日期
二〇二四年七月第一次印刷

規格
特 32 開（142 mm × 208 mm）